Neele Riemann

Zum Arbeiten verführt?

Entgrenzungserleben in modernen IT-Großunternehmen

Diplomica Verlag GmbH

Riemann, Neele: Zum Arbeiten verführt? Entgrenzungserleben in modernen IT-Großunternehmen, Hamburg, Diplomica Verlag GmbH 2017

Buch-ISBN: 978-3-96146-524-8
PDF-eBook-ISBN: 978-3-96146-024-3
Druck/Herstellung: Diplomica® Verlag GmbH, Hamburg, 2017

Bibliografische Information der Deutschen Nationalbibliothek:
Die Deutsche Nationalbibliothek verzeichnet diese Publikation in der Deutschen Nationalbibliografie; detaillierte bibliografische Daten sind im Internet über http://dnb.d-nb.de abrufbar.

© Diplomica Verlag GmbH
Hermannstal 119k, 22119 Hamburg
http://www.diplomica-verlag.de, Hamburg 2017
Printed in Germany

Inhaltsverzeichnis

Abbildungsverzeichnis

1. Einleitung

Ein Sofa mitten im Büro, ein Meetingraum, in dem man sich wie auf dem Sportplatz fühlt, Flure und Pausenräume, die gemütlicher sind als so manches heimische Wohnzimmer. Es hat sich etwas verändert in der Arbeitswelt von heute. Viele Aspekte des privaten Lebensbereiches haben Einzug in die Betriebe gefunden. Begleitet wird dies von betrieblichen Zusatzangeboten wie aufwändig gestalteten Ruheräumen, einem betriebsinternen Friseursalon, einer campusinternen Bank, Fitnessstudios und Kindergärten, die sich positiv auf die Work-Life-Balance der Beschäftigten auswirken sollen. Darüber hinaus gibt es ein hochwertiges kulinarisches Angebot, das jederzeit verfügbar und gratis ist.

Diese fürsorglichen Angebote und die freiheitliche Arbeitskultur führen jedoch nicht nur zu positiven Effekten wie einer erhöhten Motivation und Wohlbefinden. So weist Susanne Stabile als Expertin im Bereich Arbeitnehmervergünstigungen darauf hin, dass man die Angebote auch als Mittel zum Zweck sehen kann. Als eine vermeintlich mitarbeiterfreundliche Art und Weise, längere Arbeitszeiten durch ein allgemeines Wohlfühlklima zu erreichen (Stabile, 2008, 104).

Unter dieser Perspektive kann man die betrieblichen Work-Life-Balance (WLB-) Angebote wie die betriebseigenen, privat nutzbaren Partyräume, Fitnessstudios und Ruheräume auch als Ausdruck einer Erosion der Grenze von Arbeit und Privatleben betrachten. So ist mir in den Unternehmen von Fällen berichtet worden, in denen die betrieblichen Angebote zu einer massiven Entgrenzung der Arbeits- und Lebenswelt führen. Beispielsweise bei einem Mitarbeiter, der zeitweise auf dem Campus seiner Firma wohnte. Hatte er dort doch alles, was er zum Leben brauchte. Ein Umstand, der dem Unternehmen erst auffiel, als der Betroffene seine Abfalltonnen bei der Firmenadresse anmeldete und der von dem Unternehmen schnellst möglich aufgelöst wurde. Weniger drastisch erscheint dagegen die Geschichte einer frisch verheirateten Mitarbeiterin, die in der Mittagspause –Vertrauensarbeitszeit sei Dank– oftmals zwei Stunden mit ihren Kollegen Tischfußball spielte. Die entsprechende Arbeitszeit musste sie am Ende des Tages allerdings nachholen, sodass sie oft erst gegen 21 Uhr zu Hause war. Es dauerte nicht lange, bis sich dies negativ auf das junge Eheglück auswirkte und die Frau zunehmend über Stress klagte.

Trägt diese neue „schöne" Arbeitswelt also dazu bei, die Beschäftigten zu mehr Arbeit zu verführen? „Verführung", dieser Begriff ist eine Bezeichnung dafür, jemanden zu etwas zu bewegen, von dem er noch nicht weiß, dass er es will. Wörtlich betrachtet lenkt man den anderen beim „Ver-führen" von etwas weg. Bezogen auf diese Arbeit heißt das: Weg von dem Privatleben, jener Sphäre, die dem Arbeitsleben entgegensteht. Allerdings erfolgt diese subtile

Lenkung so, dass ihr die Betroffenen gerne folgen. Beispielsweise dadurch, dass die Beschäftigten auf dem Campusgelände alles haben, was man zum Glücklich- und Zufriedensein braucht. Sind die Kollegen doch oftmals wie Freunde. Wer muss da noch das Betriebsgelände verlassen? Wer braucht da noch Familie und externe Freunde oder anders gefragt, wer hat in einem solchen Umfeld dann noch die Zeit sich diesen zu widmen? Angesichts dieser Rahmenbedingungen werden Unternehmen wie Facebook und Google in einigen Zeitungsartikeln gar als „Business-Sekten" bezeichnet (Brenni 2014; Seibel, 2015). Weniger dramatisierend, aber ebenfalls kritisch sieht der erfolgreiche Managementberater Reinhard Sprenger die zahlreichen Work-Life-Balance- Maßnahmen, die vom betrieblichen Aerobic-Kurs bis zum Zahnarzt alles Mögliche umfassen. Für ihn stellt diese Form der Fürsorglichkeit letztlich eine Übergriffigkeit dar, da die Arbeit so zum ganzen Leben werden kann. In einem solchen totalinkludierenden Unternehmen lebe es sich dann wie unter einer Glasglocke, man ist umgeben von ähnlichen Leuten, alles hängt irgendwie mit dem Arbeitgeber zusammen, man wird eindimensional. Angesichts der umfassenden Angebote würde darüber hinaus die eigene Selbstwirksamkeit schrumpfen -schließlich muss man ja nichts mehr selbst machen. Daraus könne im schlimmen Fall ein Abhängigkeitserleben oder ein Selbstwertproblem resultieren (Sprenger, 2015, 134f.).

Die Angebote, die auf den ersten Blick wegen der Zeitersparnis und Effizienz wie der Traum eines jeden Arbeitnehmers erscheinen, wirken also sehr viel fragwürdiger, wenn man die damit einhergehenden totalinkludierenden Tendenzen betrachtet. Es zeichnet sich eine deutliche Entgrenzung von Arbeitszeit und Privatleben beziehungsweise Freizeit ab, die zusammen mit der imposanten Campusstruktur einiger Betriebe gewisse Ähnlichkeiten zu Goffmans „Totaler Institution" (1973) aufweist.

Schon in dieser Einleitung wird die Komplexität und Ambivalenz der „schönen" neuen Arbeitsgestaltung deutlich, die in dieser Forschungsarbeit vor dem Hintergrund der Entgrenzung qualitativ untersucht werden soll.

1.1 Google und Co. – Arbeitnehmerparadiese? Totale Institutionen?

Ausgehend von den zuvor geschilderten Phänomenen soll in dieser Studie dem Entgrenzungserleben der Beschäftigten in den so mitarbeiterfreundlich erscheinenden IT-Unternehmen nachgegangen werden. Dabei soll insbesondere die Wahrnehmung der betrieblichen WLB-Angebote differenziert betrachtet werden, da diese Möglichkeiten tendenziell dazu führen, dass sich ehemals im Privatbereich durchgeführte Aktivitäten zunehmend auf das Betriebsgelände verlagern.

Darüber hinaus soll in der vorliegenden Studie die Frage betrachtet werden, inwieweit diese modernen Großunternehmen mit betrieblicher Campusstruktur Ähnlichkeiten zu der von Erving Goffman beschriebenen totalen Institution (1973) aufweisen. In diesem Rahmen spielt das Sammeln von Informationen zu der betrieblichen Arbeitskultur eine wichtige Rolle. Hierbei sind insbesondere das Vorliegen ausgeprägter Hierarchien, die Transparenz und Autonomie bei der Arbeit sowie Entgrenzungsphänomene von großem Interesse.

Um die entsprechenden Informationen zu gewinnen, werden mehrere problemzentrierte Interviews herangezogen, da dieses Vorgehen den Ansichten der Betroffenen am meisten Raum gibt, die Möglichkeit neuartiger Erkenntnisse mit sich bringt und so ein fundiertes Verständnis der komplexen Zusammenhänge begünstigt.

1.2 Aufbau dieser Arbeit

Diese Arbeit setzt sich aus verschiedenen Abschnitten zusammen, um ein tiefgehendes Verständnis und eine gute Nachvollziehbarkeit der Studie zu erzielen. In Kapitel 2 erfolgt zunächst eine Schilderung des theoretischen Hintergrundes, um die Grundlage für das Verstehen der Gesprächsinhalte zu bilden. In diesem Zusammenhang wird zudem auf die Besonderheiten der neuen Arbeitswelt und auf das Phänomen der Entgrenzung eingegangen, welches aus arbeitspsychologischer sowie aus soziologischer Perspektive betrachtet wird. Darüber hinaus werden relevante arbeitspsychologische Größen wie Motivation und Commitment prägnant vorgestellt. Im dritten Kapitel wird der aktuelle Stand der Forschung durch die Beschreibung relevanter Studienergebnisse vorgestellt. Darauf aufbauend wird der Forschungsbedarf aufgezeigt, der sich unter anderem in dem Mangel an aktuellen empirischen und qualitativen Forschungsarbeiten zu diesem Themenkomplex zeigt. Es folgt eine kurze Beschreibung des Forschungsfeldes bevor in Kapitel 4 näher auf die verwendete Methodik eingegangen wird. Dabei stellt die Erläuterung des qualitativen Forschungsansatzes den Schwerpunkt dar. Doch auch auf die Auswahl der Gesprächspartner und Gesprächs- partnerinnen wird an dieser Stelle eingegangen. Im Empirieteil der Arbeit werden die Ergebnisse der Interviews unter Verwendung aussagekräftiger Zitate vorgestellt. Zunächst werden die acht ermittelten Spannungsfelder beschrieben und später in Verbindung zueinander gesetzt. In Kapitel 6 werden die Ergebnisse der problemzentrierten Interviews vor dem theoretischen Hintergrund diskutiert. Kapitel 7 beschäftigt sich mit der Methoden- reflexion und den Limitationen dieser Studie. Im letzten Abschnitt dieser Forschungsarbeit wird ein Fazit gezogen. Danach wird in Kapitel 9 ein Ausblick gegeben.

2. Theoretischer Hintergrund

In diesem Kapitel soll zunächst unter Einbezug soziologischer und arbeitspsychologischer Theorien auf das Entgrenzungsphänomen in der Arbeitswelt eingegangen werden. Um sich diesem Thema zu nähern, wird zuerst auf die Arbeits- und Lebenssphäre eingegangen, die sich im Zuge der Entgrenzung immer mehr durchdringen. Daran anknüpfend werden die Besonderheiten der flexiblen Arbeitswelt geschildert, welche sich insbesondere durch eine Subjektivierung der Arbeit auszeichnet. Zur Erweiterung der Perspektiven wird darüber hinaus auch Goffmans klassisches Konzept der totalen Institution (1973) eingegangen. Der letzte Abschnitt dieses Kapitels ist den arbeitspsychologischen Outcome-Größen gewidmet, auf die die betrieblichen Angebote letztendlich abzielen: Motivation, Arbeitsengagement und Bindung der Beschäftigten.

2.1 Arbeit und Leben - Grundlegendes

Die Abgrenzung zwischen Arbeit und Leben kann im Rahmen der Work-Life-Balance-Konzepte zunächst befremdlich wirken, schließt das eine das andere doch mit ein. Vielmehr dreht es sich dabei um die Unterscheidung zwischen der meist formalen Arbeitssphäre, welche alle Tätigkeiten, Rollen und Rahmenbedingungen der beruflichen Erwerbsarbeit einschließt und der Privatsphäre des Individuums, welche die Handlungen, Verpflichtungen und Erfahrungen bei der Hausarbeit, der Versorgung von Angehörigen sowie der Freizeit umfasst (Vedder & Haunschild, 2012, 114). Der Zusammenhang dieser beiden Bereiche ist arbeitspsychologisch bereits ausgiebig untersucht worden. Dabei gehen aktuelle Theorien davon aus, dass sich die Arbeitssphäre und das Privatleben wechselseitig beeinflussen, was als "Spillover" bezeichnet wird. Dieser kann negativ sein, wenn negative Stimmungen, Belastungen oder Verhaltensweisen durch Konflikte in dem einen Bereich in den anderen Bereich hineingetragen werden beispielsweise, wenn sich Eheprobleme negativ auf die Arbeitsleistung auswirken. Einen positiven Spillover stellen dagegen Bereicherungsprozesse zwischen der Arbeit und dem Privatleben dar, bei denen beispielsweise in der Familie erworbene Kompetenzen bei der Arbeit erfolgreich angewendet werden (Nerdinger, Blickle & Schaper, 2014, 536-537). Der Begriff Work-Life-Balance bezieht sich in diesem Rahmen auf Fragestellungen zum Verhältnis von Arbeit und Freizeit sowie Familie und auf die Auswirkungen, die eine Erosion der Grenzen zwischen den Lebensbereichen hat.

Hinsichtlich des Verhältnisses beider Sphären wird zwischen einer Segmentation und einer In-tegration beziehungsweise Entgrenzung beider Bereiche differenziert (Kreiner, Hollensbe & Sheep, 2009, 704- 708; Nippert-Eng, 2008). Bei der Segmentation kommt es zur strikten

Trennung von Arbeit und Privatleben, die sich unter anderem in klar abgegrenzten Arbeitszeiten, einer ausschließlich berufsbezogenen Beziehung zu den Kollegen und Kolleginnen sowie divergierenden Verhaltensmustern zeigt (ebd., 6). Eine Integration beider Domänen äußert sich hingegen in einer Überlappung von arbeitsbezogenen und privaten Aktivitäten, sodass beide Bereiche zu einer gemeinsamen Kategorie werden (ebd., 5). Abbildung 1 veranschaulicht dies grafisch.

Abbildung 1   Segmentation und Integration von Berufsarbeit und Privatleben

Segmentation:	Privatleben	Berufsarbeit	Privatleben
	8 Uhr	17 Uhr	
Entgrenzung:			

Abbildung 1. Eigene Anpassung der Übersicht von Vedder und Haunschild (2012) in „Work-Life-Balance und Entgrenzungstendenzen bei IT-Angestellten". *Freelancer als Forschungsgegenstand und Praxisphänomen*, S. 117.

Auf eine Integration deuten unter anderem der private Gebrauch des Firmenhandys, die betriebliche Kinderbetreuung sowie private Kontakte zu Kollegen und Kolleginnen hin. Generell sind die bisher geschilderten betrieblichen Angebote der Unternehmen eher auf die Integration beider Lebensbereiche ausgerichtet, da ehemals private Aspekte wie Fitness und Kinderbetreuung dadurch ins Unternehmen geholt werden und dort ausgeübt werden können. Lediglich der Aspekt „Gleitzeit" wirkt sich nach Rothbard und Kollegen (2005, 246) segmentationsförderlich aus, da er den Übergang zwischen der Arbeitssphäre und dem Privatleben erleichtert und sich dadurch implizit an einer Trennung der Bereiche ausrichtet. Die Abbildung 2 veranschaulicht den Zusammenhang zwischen den betrieblichen WLB-Angeboten und dem Segmentations-Integrations-Kontinuum

Abbildung 2   Betriebliche Angebote auf dem Integration-Segmentations-Kontinuum

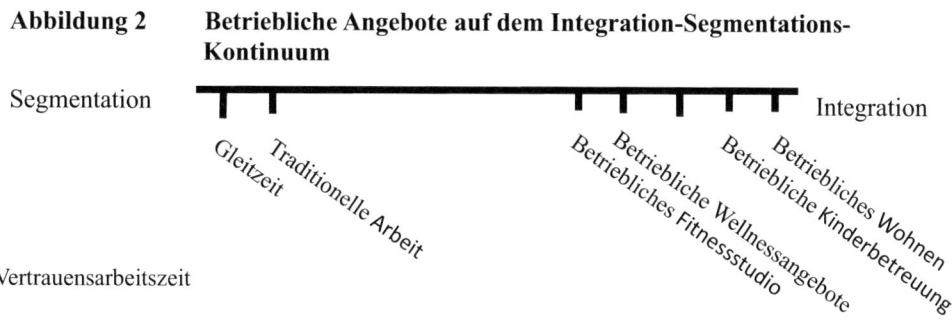

Abbildung 2. Eigene Erweiterung der Einordnung betrieblicher Angebote von Rothbard, Phillips und Dumans (2005) in „Managing Multiple Roles: Work-Family Policies and Individuals′ Desires for Segmentation". *Organization Science*, 16 (3), S. 254.

2.2 Flexible Arbeitswelt – Erosion traditioneller Grenzen

Gottschall und Voß stellen aus soziologischer Perspektive in der heutigen Gesellschaft eine „zunehmende Brüchigkeit, Ausdünnung, Auflösung und Virtualisierung usw. bis dahin für sicher (oder für sicher gehaltener) Abgrenzungen" zwischen einzelnen Sphären fest und erkennen darüber hinaus einen gewissen Konturverlust zwischen sozialen Schichten, Lebensstilen und personalen Identitäten (ebd., 2003, S.11). Diese Entwicklung bezeichnen sie als „Entgrenzung". Von besonderem Interesse ist für diese Arbeit dabei die Verblassung der Grenze zwischen Arbeit und Privatleben. Nach Gottschall und Voß (2003) zeigt sich diese Entgrenzungsentwicklung der Arbeit auf mehreren Ebenen. So führt die Flexibilisierung beispielsweise dadurch, dass die starren, standardisierten Arbeitszeiten im Postfordismus durch individualisierte Arbeitszeiten ersetzt worden sind, zur zeitlichen Entgrenzung der Arbeit. Dies hat für die Unternehmen den Vorteil, dass sie den schwankenden Anforderungen des Marktes besser gerecht werden können (Hirsch-Kreinsen, 2009, 452). Nach Minssen (2012, 60) kommt es in Deutschland und Europa systematisch zur Ausdehnung der Arbeits-zeiten, wodurch sich eine Diskrepanz zwischen vereinbarter und tatsächlicher Arbeitszeit ergibt. Den Beschäftigten bleibt dadurch weniger Zeit für ihr Privatleben, während die Unternehmen von der Anpassung des Leistungsbedarfs über Überstunden profitieren, da sie ihren Personalbestand nicht verändern müssen und so ihren Profit erhöhen können. Doch hat die neue Flexibilisierungsmaxime in der Arbeitswelt auch für die Beschäftigten Vorteile, da diese zunehmend selber bestimmen können, wann und wie sie arbeiten. In diesem Rahmen ist die Vertrauensarbeitszeit hervorzuheben, die gerade im New Business weit verbreitet ist und sich dadurch auszeichnet, dass die Arbeitszeit nicht mehr erfasst wird. Vielmehr überträgt das Unternehmen die Verantwortung hinsichtlich der Leistungserbringung auf die Beschäftigten, welche dadurch zunehmend zu Unternehmern und Unternehmerinnen ihrer eigenen Arbeitskraft werden (Voß & Pongratz, 1998). Als Maßstab für die Arbeitsleistung gilt nicht mehr die dafür erforderliche Zeit, sondern das Resultat der Arbeit. Diese Organisationsform geht mit höheren Anforderungen zur Selbstorganisation einher und kann die Beschäftigten durch neu hinzugekommene Anforderungen und Tätigkeiten in ihrer Entwicklung fördern. Darüber hinaus ergeben sich bessere Entfaltungsmöglichkeiten im Privatleben durch die flexiblere Gestaltung der Arbeitszeit. Kritisch zu sehen ist nach Minssen (2012, 63) jedoch die damit oft einhergehende Verlängerung der Arbeitszeit, die zu Planungsunsicherheiten und Abstrichen im Privatleben der Betroffenen führt. Doch nicht nur die zeitliche Flexibilität geprägt durch die Ziel- statt Zeitorientierung löst die Grenze zwischen der Arbeit und dem Privatleben auf, sondern auch die räumliche Mobilität (Gottschall & Voß, 2003, 17). So ermöglicht die Digitalisierung über Laptops und Smartphones eine Abkopplung der Beschäftigten von dem Betriebsort. Die Arbeit kann dadurch auch im Zug, über das Telefon im Auto oder von zu Hause erledigt werden. Was zunächst positiv erscheint, da diese Freiheiten insbesondere für Eltern eine große Erleichterung darstellen, kann langfristig karrierebezogene Nachteile mit sich bringen. Weiterhin erkennen Gottschall und Voß auch eine technische Entgrenzung der Arbeit, die sich dadurch zeigt, dass "fast kein Arbeitsplatz mehr ohne elaborierte (meist informationstechnisch basierte) technologische Ausstattung auskommt, die sich unter immer schnelleren Zyklen umwälzt und ausdifferenziert" (ebd., 17). Diese schnellen technischen Veränderungen führen bei den Beschäftigten zu einem Anstieg der Lernanforderungen. Zusätzlich trägt auch die qualifikatorische Seite der Entgrenzung, die von einer ständigen Umstellung der Arbeitsinhalte geprägt ist, zu beständigen Weiterbildungserfordernissen bei. Diese können zum einen als Wachstums – und Entwicklungsmöglichkeit aufgefasst werden, aber können ebenso auch eine Belastung für die Beschäftigten darstellen (ebd., 17).

Aus den strikten Vorgaben und formalen Grenzen klassischer Normalarbeitsverhältnisse sind in der neuen Arbeitswelt große Spielräume zur eigenen Ausgestaltung durch die Beschäftigten geworden, welche gleichzeitig aber auch als Anforderungen verstanden werden müssen. Moldaschl und Saer (2000) erkennen in diesem Rahmen eine „Subjektivierung von Arbeit", bei der subjektive Ressourcen zunehmend unter Verwertungsdruck geraten. Die Subjektivierung der Arbeit soll dabei verriegelte Handlungsspielräume freilegen und statt instrumenteller Orientierung Leidenschaft und Leidensbereitschaft mobilisieren, teure Kontrollsysteme durch kostengünstigere und effektivere Selbstkontrolle ersetzten sowie Herrschaft durch Selbstbeherrschung und Planung durch Improvisation flexibilisieren (ebd., 216). Aus Sicht von Gottschall und Voß sind die Entgrenzungsprozesse dabei durchweg als ambivalent zu bewerten. Sie schreiben: „Fast immer zeigen sich außer den positiv empfundenen Öffnungen und Flexibilitätsgewinnen Probleme bei der (Re-) Integration der jetzt nicht mehr wie gewohnt klar konfigurierten Verteilungen von Funktionen und Identitäten. Auch sind zunehmend gegenläufige Dynamiken erkennbar: Versuche der Neu-Begrenzungen und Re-regulierung, überraschende Persistenzen und Resistenzen, Ängste und Mahnungen vor der Erosion gewohnter Ordnungen" (Gottschall, Voß, 2003, S.15). Damit sprechen sie den Umstand an, dass die neu gewonnenen Freiheiten wie etwa die flexible Arbeitszeit, aber auch die konkreten Arbeitsinhalte, nun von den Beschäftigten selber begrenzt beziehungsweise strukturiert werden müssen, damit diese handlungsfähig bleiben und erfolgreich arbeiten können - Daher wächst die Relevanz von Selbstorganisation, Selbst-Bildung, Selbst- Motivation und Selbstkontrolle (ebd.,15). Diese Organisationsleistungen verlangen den betroffenen Menschen zweifelsohne psychische Ressourcen und Zeit ab. Auch wird es nach Kastner (2004, 21) durch die komplexe, wechselseitig stark durchdrungene Stellung von Arbeit und Leben schwieriger, ein soziales System wie etwa eine Familie oder

Partnerschaft auf Kurs zu halten, wenn die Bekanntheit künftiger Systemzustände sinkt. Diese Unsicherheit geht dann mit einem erhöhten Orientierungsdruck und größeren Planungserfordernissen einher. Folglich bringt die Entgrenzungsentwicklung für die Beschäftigten eine Reihe weiterer Organisationsanforderungen mit sich, die zum einen zwar wertvolle Wachstumsimpulse für die Betroffenen darstellen können, doch nach Beck (1986) ebenso leicht in eine Überforderung von Individuum und Institution münden können.

2.3 Alles wird eins – Goffmans „Totale Institution"

Etwas weiter weg vom modernen Arbeitsleben scheint das Konzept der Totalen Institution (1973) des kanadischen Soziologen Erving Goffman zu sein. Dieser widmet sich in seinem populären Werk Asyle (1973) seinen Beobachtungen in Krankenhäusern, Altenheimen und Gefängnissen. Doch thematisiert er auch die Entwicklungen der damaligen Arbeitswelt, in der er bereits totale Tendenzen erkennt. Insofern sollen auch seine Überlegungen in dieser Arbeit geschildert werden. Unter dem Begriff der „totalen Institution" versteht Goffman (1973) dabei das Folgende:

„Eine totale Institution lässt sich als Wohn- und Arbeitsstätte einer Vielzahl ähnlich gestellter Individuen definieren, die für längere Zeit von der übrigen Gesellschaft abgeschnitten sind und miteinander ein abgeschlossenes, formal reglementiertes Leben führen." (ebd., S. 11).

Von besonderer Bedeutung ist hier der Aspekt der *„Wohn- und Arbeitsstätte"*. Totale Institutionen verknüpfen alle Bereiche des Lebens an einem Ort. Goffman erläutert darüber hinaus:

„In der modernen Gesellschaft besteht eine grundlegende soziale Ordnung, nach der der einzelne an verschiedenen Orten schläft, spielt, arbeitet - und dies mit wechselnden Partner, unter verschiedenen Autoritäten und ohne einen umfassenden rationalen Plan. Das zentrale Merkmal totaler Institutionen besteht darin, dass die Schranken, die normalerweise diese drei Lebensbereiche voneinander trennen, aufgehoben sind." (ebd., S. 17)

Hier spricht Goffman die für totale Institutionen typische Entgrenzung der Lebensbereiche Regeneration, Freizeit und Arbeit an. Folglich wären betriebliche Ruheräume und betriebsinterne Freizeitoptionen wie Fitnessstudios und Cafés Hinweise auf totalinkludierende Tendenzen eines Unternehmens. Ferner unterscheiden sich totale Organisationen nach Goffman von den „normalen", formalen Organisationen durch ihren allumfassenden Charakter, der sich unter anderem in der Beschränkung des sozialen Verkehrs mit der Außenwelt sowie - auf der materiellen Ebene - durch eine Abgrenzung etwa durch *„verschlossene Tore, hohe Mauern, Stacheldraht, Felsen, Wasser, Wäldern oder Mooren"* zeigt. (ebd., 15f.)
In diesem Zusammenhang sei auf hohe betriebliche Sicherheitsvorkehrungen, strenge

Zutrittsbeschränkungen und eine „zurückhaltende" Informationspolitik einiger Unternehmen im New Business verwiesen.

In seiner Abhandlung benennt Goffman je nach zugrundeliegender Funktion fünf verschiedene Gruppen totaler Institutionen (ebd., 16). Für diese Arbeit ist die Gruppe von Institutionen von besonderem Interesse, deren Ziel „in der verbesserten Ausführung arbeitsähnlicher Tätigkeiten" liegt (ebd., 16). Nach Goffman fallen beispielsweise Kasernen, Internate und Schiffe in diese Kategorie. Doch auch Unternehmen wie die hier behandelten Arbeitsparadiese mit Campusstruktur können aufgrund ihres Fokus auf die möglichst optimale Befriedigung der Kundenbedürfnisse, eine möglichst hohe Produktivität und Maximierung anderer ökonomischer Kennzahlen in diese Kategorie eingeordnet werden.

Bezüglich der Merkmale erkennt Goffman in den totalen Institutionen des Weiteren eine erhebliche Einschränkung der Individualität und Selbstbestimmung. Die Insassen, denen alle die gleiche Behandlung zu Teil wird, müssen sich an exakt geplante Vorgaben halten, deren Einhaltung von oben streng kontrolliert wird (ebd.,17-18). Darüber hinaus verfügen die Insassen – im Kontext dieser Arbeit die Beschäftigten – in der totalen Institution über keinerlei Rückzugsmöglichkeiten, sind von der Außenwelt abgeschnitten und können kaum selbstbestimmte Entscheidungen treffen (ebd., 18, 21). Des Weiteren besteht dort eine deutliche Trennung zwischen den Insassen und Wärtern beziehungsweise zwischen den Beschäftigten und der Leitungsebene. Letztere sind im Gegensatz zu den Insassen in die Außenwelt integriert und wollen die Kooperation und Gehorsam der Insassen erzielen. Beide Gruppen stehen einander feindselig gegenüber und vermeiden den persönlichen Kontakt untereinander (ebd., S. 19). Während im Fordismus kleinschrittige, fest vorgeschriebene Aufgaben und strenger Gehorsam gegenüber den Vorgesetzen, die sich über separate Kantinen und Ähnliches von der Gruppe der Beschäftigten abgrenzten, häufiger zu beobachten waren, scheinen die genannten Merkmale auf die neue Arbeitswelt weniger zuzutreffen. Wird diese doch eher von einer hohen Selbstbestimmung und flachen Hierarchien charakterisiert. Gewisse Ähnlichkeiten könnten sich allerdings bei der Abgrenzung zur Außenwelt abzeichnen. So geht Goffman (1973) auf einige offensichtliche physikalische Barrieren hinsichtlich des Kontaktes mit der Außenwelt ein. Darüber hinaus sind auch zahlreiche indirekte sowie implizite Mechanismen wirksam. Beispielsweise ein Diskulturalitionsprozess (ebd., 24), bei dem die Normen der Institution soweit von dem Individuum verinnerlicht werden, dass es zunehmend zu einer kulturellen Entfernung von der Außenwelt kommt.

Einen gewissen Schutz vor der „Vereinnahmung" durch die totale Institution bietet nach Goffman die Familie. So schreibt er, dass sie mit der totalen Institution unvereinbar sei:

„Häufig wird das Familienleben im Gegensatz zum Alleinsein gesehen, tatsächlich ist es jedoch eher angemessen, vom Leben in der Gruppe als dem Gegenteil des Familienlebens zu sprechen, denn wer mit einer Gruppe von Arbeitskameraden zusammen arbeitet, ißt und schläft, ist kaum in der Lage, eine sinnvolle häusliche Existenz aufrecht zu erhalten. Umgekehrt gibt die außerhalb des Anstaltsgeländes wohnende Familie den Mitgliedern des Stabes die Möglichkeit in der Gemeinschaft der Außenwelt integriert zu bleiben und dem allumfassenden Anspruch der Institution zu entgehen.“ (ebd., S. 22)

Hier wird die Spannung zwischen dem Leben als Gruppenmitglied einer totalen Institution und dem Familienleben thematisiert. Da die Aspekte „Arbeit“, „Regeneration“ und „Essen“ schon in der totalen Institution ablaufen, wird das Familienleben gewissermaßen obsolet. Doch andersherum betrachtet bietet die Familie durch die Integration zur Außenwelt und das Vorhandensein arbeitsfremder Bereiche einen Schutz vor einer „Vereinnahmung“ durch die Institution.

2.4 Die Zielgrößen hinter den Angeboten

Die Unternehmen setzen aus ökonomischen Gründen auf betriebliche WLB-Angebote. Sie versprechen sich von Kickertischen, Vertrauensarbeitszeit und Handlungsspielräumen bei der Arbeit unter anderem eine höhere Motivation, Zufriedenheit und stärkere Mitarbeiterbindung, die sich jeweils positiv auf die Produktivität des Unternehmens auswirken. Da diese Aspekte die Mitarbeiter und Mitarbeiterinnen direkt betreffen und mit einer freiwilligen Entgrenzungstendenz assoziiert sein können, werden die theoretischen Grundlagen nun in Kürze dargestellt.

2.4.1 Gut für Motivation und Arbeitsengagement

Der Begriff Motivation stammt von dem lateinischen Wort „movitus“ ab, was „Bewegung auslösend“ bedeutet. Motivation ist also das, was bei Menschen Aktivität im Hinblick auf ein bestimmtes Handlungsziel auslöst, welches aus der Interaktion von Person und Situation gebildet wird. Es gibt eine große Fülle an allgemeinen psychologischen Motivationstheorien und spezifischere zur Arbeitsmotivation. Da der Schwerpunkt dieser Arbeit jedoch auf der Entgrenzung liegt, soll an dieser Stelle lediglich auf die recht junge und wissenschaftlich anerkannte Selbstbestimmungstheorie von Deci und Ryan (2000) eingegangen werden, die das Verständnis der motivationalen Prozesse in den Unternehmen im Hinblick auf die Flexibilität und Selbstverantwortung erleichtert. Die Self-Determination-Theory (SDT) von Deci und Ryan (2000) geht dabei von drei angeborenen, universellen und gleichermaßen relevanten Grundbedürfnissen aus: Autonomie, Kompetenz und soziale Eingebundenheit.

Das Bedürfnis nach Autonomie äußert sich in dem Wunsch, freiwillig und nach eigenem Ermessen zu handeln und hängt somit eng mit dem großen Handlungsspielraum und der hohen Selbstverantwortung am Arbeitsplatz der Beschäftigten zusammen. Das Streben nach Kompetenz bezieht sich hingegen auf das subjektive Gefühl, effektiv auf wichtige Dinge einwirken zu können und die gewünschten Resultate erreichen zu können. Das Bedürfnis nach sozialer Eingebundenheit äußert sich dagegen in dem Bedürfnis nach zwischenmenschlichem Kontakt und danach, für andere bedeutsam zu sein.

Die Befriedigung aller drei Bedürfnisse ist laut Deci und Ryan stets mit Wohlbefinden verbunden, welches in diesem Kontext nicht nur ein subjektiv positives Gefühl, sondern auch die Wahrnehmung von Vitalität sowie psychische Flexibilität umfasst (ebd., 243). Die Befriedigung der Grundbedürfnisse ist den Autoren zu Folge essentiell für die Gesundheit und das Wohlbefinden der Menschen sowie für die Entwicklung von intrinsischer Motivation (ebd., 227 f.). Intrinsische Motivation bezeichnet dabei den Wunsch, ein Verhalten effektiv um seiner selbst willen zu zeigen (Myers, 2008, 955). Im Gegensatz zur extrinsischen Motivation, bei der Verhalten von Belohnungen oder drohenden Bestrafungen beeinflusst wird, wird intrinsisches Verhalten weniger von der Außenwelt beeinflusst und gilt daher als stabiler (Myers, 2008, 952). In der heutigen Arbeitswelt, die von Selbst- statt Fremdkontrolle geprägt ist, hat die intrinsische Motivation der Beschäftigten für die Unternehmen einen besonders hohen Stellenwert.

Soziale Unterstützung, Handlungsspielraum und Feedback hängen eng mit den zuvor genannten Grundbedürfnissen zusammen und spielen ferner als Ressourcen eine Rolle im Job-Demand-Resources-Model (Bakker & Demerouti, 2007). In diesem Modell, das sich in Forschungskreisen großer Popularität und Anerkennung erfreut (Schaufli & Taris, 2014, 43), wird angenommen, dass jede Tätigkeit spezifische Merkmale aufweist, die sich in Arbeitsanforderungen wie etwa Zeitdruck und Arbeitsressourcen beispielsweise Handlungs-spielraum und sozialer Unterstützung unterteilen lässt. Während eine Anhäufung von Anforderungen zu Befindlichkeitsbeeinträchtigungen führen kann, tragen die Ressourcen über den von Deci und Ryan (2000) beschriebenen motivationalen Prozess zu einem höheren Arbeitsengagement und einer besseren Arbeitsleistung bei. Darüber hinaus können sie die negative Wirkung hoher Anforderungen abpuffern. Als Outcomegrößen gelten in dem Modell Aspekte wie Arbeitszufriedenheit, Arbeitsengagement und arbeitsbezogenes Wohlbefinden. In Abbildung 3 ist das Modell grafisch dargestellt. Im Rahmen dieser Arbeit ist der Pfad, der von den Job Ressourcen zur Motivation führt und von dort zu positiven arbeitsbezogenen Outcomes, von besonders großer Bedeutung.

Abbildung 3   Das Job-Demand-Resources Model von Bakker und Demerouti

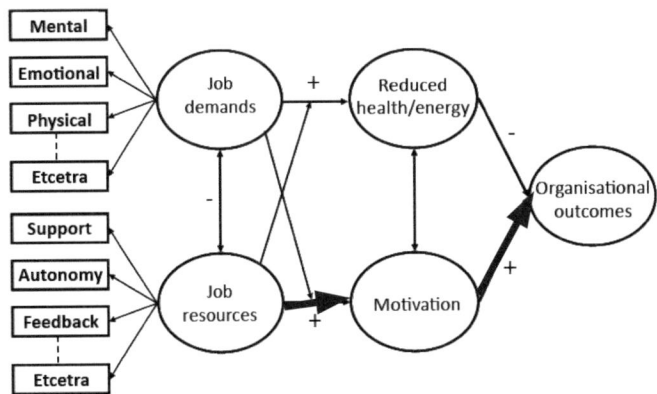

Abbildung 3. Das Job-Demand-Resources-Modell aus „The job demands-resources model: State of the art." von A.B. Bakker und E. Demerouti (2007). *Journal of managerial psychology*, 22(3), S.313

Übertragen auf die Arbeitswelt bei Google und Co. implizieren die SDT (ebd.) und das JDR-Modell (Bakker & Demerouti, 2007), dass sich die häufig zu findende Team- und Projektarbeit sowie die räumliche Gestaltung mit modernen Großraumbüros und Kaffeeecken durch die Befriedigung der Bedürfnisse nach sozialer Eingebundenheit und dem nach Autonomie positiv auf das Wohlbefinden, die Motivation und die Arbeitsleistung der Beschäftigten auswirken können. Ferner kann auch die auf Selbstverantwortung ausgerichtete Arbeitsgestaltung mit zahlreichen Wahlmöglichkeiten und großem Handlungsspielraum das Autonomiebedürfnis der Beschäftigten erfüllen und so zu einem Anstieg an intrinsischer Motivation und größerem Arbeitseinsatz führen.

Nach der motivationalen Betrachtung der besonderen Arbeitsgestaltung im New Business soll nun auch auf die kostenlosen betrieblichen Zusatzangebote wie hochwertiges Kantinenessen, Sportkurse und Regenerationsmöglichkeiten eingegangen werden. Hierbei ist anzunehmen, dass diese Befriedigung körperlicher Bedürfnisse mit Wohlbefinden und Leistungsfähigkeit einhergeht (Myers, 2008, 514). Darüber hinaus stellen die kostenlosen Angebote gewissermaßen ein „Entgegenkommen" des Arbeitgebers dar, was zu einem Verpflichtungsgefühl der Beschäftigten führen kann. Dies soll im folgenden Abschnitt genauer erläutert werden.

2.4.2 Geben und Nehmen – Die Norm der Reziprozität

„Wenn dir jemand einen Gefallen tut, dann solltest du ihm im Gegenzug auch einen Gefallen tun". In diesem Satz wird in prägnanter Form deutlich, was in der Sozialpsychologie „Norm zur Reziprozität" genannt wird. Diese beschreibt die Erwartung, dass Menschen Geschenke, Vergünstigungen und Zugeständnisse, die ihnen entgegengebracht werden, erwidern (Smith, Mackie & Claypool, 2014, 360). Nach dem Soziologen Alvin Goulder (1960) ist diese Norm in nahezu allen Gesellschaften von Bedeutung und lediglich wenige Mitglieder der Gesellschaft etwa die sehr Jungen, sehr Kranken oder sehr Alten sind von ihr weniger stark betroffen. Der „Erfolg" dieser Norm ist nicht verwunderlich, wenn man die Vorteile für das Individuum und die Gruppe betrachtet, welche die Form einer Familie, Gesellschaft oder Institution haben kann. Das Individuum profitiert davon, dass es für seinen Einsatz etwas zurück bekommt – also durch die Norm eine gewisse Fairness entsteht. Die Gruppe wiederum profitiert davon, dass die Norm der Reziprozität die Bänder stärkt, die sie zusammenhalten, und Vertrauen aufbaut sowie Commitment fördert (Smith et al., 2014., 361). Doch kann die Norm, die durch das Angebot einer geschätzten Sache / Leistung getriggert wird, auch zum Nachteil für die Betroffenen werden. Das passiert beispielsweise dann, wenn einem Menschen ein unverlangter Gefallen oder ein nicht erbetenes Geschenk gemacht wird. Obwohl der Nutzen für die betreffende Person in dieser Situation sehr niedrig ist, führt die Norm der Reziprozität dann tendenziell dazu, dass der anderen Person etwas zurückgegeben wird. Daraus kann leicht ein Minusgeschäft hervorgehen. Es ist festzuhalten, dass diese Norm so stark internalisiert ist, dass Menschen sogar dann dazu neigen, einen Gefallen zu erwidern, wenn sie ihren Gegenüber nicht mögen oder dieser nicht erfährt, ob sie ihm auch einen Gefallen tun (Whatley, Webster, Smith & Rhodes, 1999, 251f.).

In der Praxis stellen Gratis-Produktproben, kostenlose Probestunden im Fitnessstudio aber auch kostenlose Verpflegung und Zusatzleistungen im Betrieb Möglichkeiten dar, die Norm zur Reziprozität anzuregen. Eindrucksvoll kann dabei das Verhältnis von dem Preis für diese „Geschenke" und dem Nutzen sein, den der Spender aus der Erwiderung des Gefallens zieht.

Trotz der möglichen Nachteile bleibt die Norm der Reziprozität gesellschaftlich sehr wichtig, da es ohne sie kaum zur zwischenmenschlichen Unterstützung und der Entwicklung enger Beziehungen kommen würde (Smith et al., 2014, 362). Ferner kann sie im betrieblichen Rahmen mit dem psychologischen Vertrag und dem Commitment in Verbindung gebracht werden. Der psychologische Vertrag zwischen dem Arbeitgeber und den Beschäftigten beinhaltet implizite Erwartungen, die die Beschäftigten an den Arbeitgeber hegen, sowie Pflichten, die sie beim Einlösen des Versprechens zu erfüllen gedenken (Minssen, 2012, 44). Dies bezieht sich beispielsweise auf die Arbeitsplatzsicherheit und das Vertrauen, das der Arbeitgeber den Beschäftigten entgegenbringt und die im Gegenzug gezeigte Leistungsbereitschaft der Beschäftigten. Dabei wird ein faires Geben und Nehmen erwartet. Ein „Vertragsbruch" führt hingegen zu Enttäuschungen und Ärger (ebd., 45).

Im Hinblick auf das Commitment, welches nach Klimecki und Gmür (2005, 333) „die bewusste Bindung an ein Unternehmen auf der Basis von Verbundenheitsgefühlen, Verpflichtungen und Verlustkalkulationen" bezeichnet, hat sich das Drei-Komponenten-Modell von Meyer und Allen (1997) bewährt. Sie differenzieren zwischen:

- **Normativem Commitment**, welches ein Pflicht- und Verantwortungsgefühl der Organisation gegenüber auf Basis von Normen bezeichnet.

- **Kalkulativem Commitment**, welches das Ergebnis einer rationalen Kosten-Nutzen-Kalkulation ist und bei schlechteren Alternativen zu dem Gefühl des „Bleiben Müssens" führt.

- **Affektiven Commitment**, welches die Identifikation mit dem Unternehmen durch gemeinsame Ziele und Werte betont und sich in dem subjektiven Gefühl des „Bleiben-Wollens" ausdrückt.

Das affektive Commitment ist von besonderer Bedeutung, da die davon betroffenen Beschäftigten ein inneres Gefühl der Verbundenheit wahrnehmen und intrinsisch motiviert sind. Das heißt, dass ihr positives Verhalten im Unternehmen eher auf der Zufriedenheit mit der Arbeitsaufgabe und dem Arbeitsumfeld basiert und weniger von externen Rückmeldungen und Reaktionen abhängt (ebd., 339). Diese emotionsbasierte Bindung wird als die stabilste angesehen und wird darüber hinaus mit einem autonomeren Handeln und einer hohen Leistungsbereitschaft assoziiert (ebd., 339; Meifert, 2008, 16). Von daher ist sie für die Unternehmen von besonders hohem Interesse. Das Angebot von WLB-Maßnahmen zielt durch eine Anerkennung der persönlichen Bedürfnisse der Beschäftigten wie etwa Familienbetreuung und freizeitbezogene Interessen auf diese freiwillige emotionale Bindung an das Unternehmen ab (Thiele, 2009, 32). Ferner deuten diese Angebote auf eine unterstützende, fürsorgliche Unternehmenskultur hin, mit deren Werten sich die Beschäftigten identifizieren können und so eine feste Bindung zu dem Unternehmen aufbauen können.

2.5 Fazit

In der modernen Arbeitswelt ist eine deutliche Entgrenzungsentwicklung zu erkennen, die mit erheblichen Flexibilisierungstendenzen sowie ganzheitlichen betrieblichen Angeboten einhergeht. Dies ermöglicht den Beschäftigten zum einen eine bessere Vereinbarkeit von Arbeits- und Privatleben und neue Wachstumsmöglichkeiten. Zum anderen werden dadurch neue Anforderungen an die Beschäftigten gestellt, die zunehmend zu „Selbstständigen im Unternehmen" werden. Generell scheint die moderne Arbeitswelt durch die vielen flexiblen Angebote besonders viele Möglichkeiten zur Befriedigung des Autonomiebedürfnisses zu liefern. Doch auch für die anderen grundlegenden Bedürfnisse ist in den modernen Arbeitswelten durch Besonderheiten bei der Arbeitsgestaltung gesorgt. Die Befriedigung dieser Grundbedürfnisse, geht tendenziell mit einem gesteigerten Wohlbefinden der Beschäftigten, einer höheren Zufriedenheit und einer größeren intrinsischen Motivation einher. Daraus ergibt sich gemäß dem JDR-Modell (Bakker & Demerouti, 2007) ein positiver Einfluss auf ökonomisch relevante Größen wie Arbeitsengagement und Arbeitszufriedenheit, sodass ausgehend von den theoretischen Erkenntnissen durchaus die Möglichkeit besteht, dass die Beschäftigten in den Arbeitsparadiesen zum Arbeiten verführt werden.

3. Stand der Forschung

Hinsichtlich des aktuellen Forschungsstandes ist auf eine solide quantitative Studienlage bezüglich der Auswirkungen betrieblicher WLB-Maßnahmen hinzuweisen. Aktuelle Forschungsarbeiten, die sich der Entgrenzungsthematik in den Arbeitsparadiesen empirisch oder unter Einbezug von Goffmans Konzept (1973) genähert haben, sind hingegen ausgesprochen rar. Im Folgenden werden aktuelle Effekte und Zusammenhänge hinsichtlich der WLB-Maßnahmen anhand einiger quantitativer Studien vorgestellt. Darüber hinaus werden die Ergebnisse einer qualitativen Studie beschrieben, die unter anderem das Entgrenzungserleben von Beschäftigten in einer IT-Beratung untersucht hat. Ausgehend vom bisherigen Stand der Forschung werden im dritten Abschnitt dieses Kapitels die aktuellen Forschungsbedarfe herausgestellt, aus denen sich die Relevanz dieser Studie ableitet.

3.1 Effekte der neuen schönen Arbeitswelt

In ihrer Studie von 2008 untersuchen Muse, Harris, Giles und Feild den Zusammenhang zwischen den WLB-Angeboten und der Arbeitserfüllung, der kollegialen Kooperation sowie dem Arbeitsengagement. Die Forschungsgruppe geht dabei von der zuvor erwähnten Norm zur Reziprozität (Goulder, 1960) sowie der Social-Exchange-Theory (Emerson, 1976) aus. Dabei vermuten sie, dass die Angebotsnutzung sowie der wahrgenommenem Wert der Angebote positiv mit dem affektiven Commitment zusammenhängt. Weiterhin gehen sie von einem positiven Zusammenhang zwischen dem affektiven Commitment und den drei betrachteten, positiven arbeitsbezogenen Verhaltensweisen aus. Muse et al. (2008, 180 f.) operationalisierten die Konstrukte jeweils mit einigen Items, die auf einer fünfstufigen Skala bewertet werden sollen. Es handelt sich also um ein rein quantitatives Forschungsdesign. Positiv hervorzuheben ist, dass die Autoren dabei empirisch erprobte Items einsetzten, sich nicht nur auf Selbstangaben der Befragten verließen, sondern für die Beurteilung der Arbeitserfüllung deren Vorgesetzte einbezogen. Darüber hinaus kontrollierten sie Variablen wie Alter, Geschlecht und Dauer der Betriebszugehörigkeit, da diese Größen nach aktuellem Stand der Forschung mit den untersuchten Variablen in Zusammenhang zu stehen scheinen (Lambert, 2000, 801f.). Mit dem beschriebenen Fragebogen wurden zwei große amerikanische Unternehmen untersucht. Das eine im Bereich Gesundheitswesen, das andere in der verarbeitenden Industrie. Für beide Unternehmen wurden die Zusammenhänge zwischen den Variablen über die statistische Berechnung eines komplexen Struktur-gleichungsmodells untersucht. Es zeigte sich, dass der wahrgenommene Nutzen der WLB-Angebote mit einer höheren wahrgenommenen betrieblichen Unterstützung zusammenhängt.

Diese ist wiederum eng verbunden mit dem affektiven Commitment, welches positive Zusammenhänge zur Arbeitsleistung, kollegialen Unterstützung sowie dem arbeitsbezogenen Engagement aufweist. Demgegenüber ist die tatsächliche Nutzung der Angebote nicht mit einer wahrgenommenen Unterstützung durch den Arbeitgeber verbunden, sondern hängt direkt mit dem affektiven Commitment zusammen.

Der ermittelte Zusammenhang zwischen den betrieblichen Angeboten und der affektiven Bindung verdeutlicht den Autoren zu Folge die Relevanz der Norm der Reziprozität bei dieser Thematik und deutet ferner die Verbindung von attraktiven betrieblichen Zusatzleistungen und einem Anstieg der Arbeitsleistung an. Die Ergebnisse der Studie sind in Abbildung 4 dargestellt.

Abbildung 4   Zusammenhänge zwischen Angeboten, Commitment und Leistung

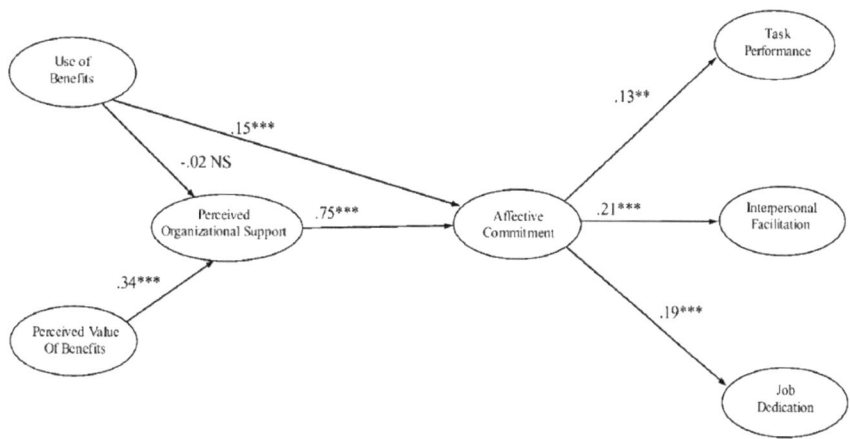

Figure 2. Multigroup method analysis results. Structural paths constrained to be equal across organizations. All numbers reflect standardized path coefficients. Organization A $N = 457$, Organization B $N = 263$. NS = not significant, $p < .05$, $p < .01$, $p < .001$. All tests are one-tailed

Abbildung 4. Ergebnis der Strukturanalyse von Muse, Harris, Giles und Feild (2008). Unterschiedliche Wirkmechanismen der betrieblichen Work-Life-Angebote. Übernommen von „Work-Life benefits and positive organizational behaviour. Is there a connection?" von Muse et al., *Journal of Organizational Behaviour*, 29, S. 186.

Diese positiven Ergebnisse sollen jedoch nicht darüber hinwegtäuschen, dass betriebliche Angebote zur Förderung der WLB auch negative Effekte haben können. So tragen diese Maßnahmen tendenziell zur Entgrenzung der Arbeit bei, indem ehemals private Angelegenheiten wie die Kinderbetreuung oder der Erhalt der eigenen Fitness auf dem Betriebsgelände organisiert werden. Die Effekte fallen dabei unterschiedlich aus. So finden Rothbard, Phillips und Dumans (2005) in ihrer quantitativen Studie heraus, dass Mitarbeiter und Mitarbeiterinnen, denen die Trennung der Arbeits- und Lebenssphäre wichtig ist, in einem Unternehmen, das aktiv auf WLB-Maßnahmen wie die betriebliche Kinderbetreuung setzt, eine geringere Zufriedenheit und Bindung an das Unternehmen aufweisen. Aus Sicht der Autoren wird dies durch eine schlechtere Passung der Wünsche des Individuums nach Trennung der Sphären und des Bemühens des Unternehmens nach Integration beider Bereiche hervorgerufen. Die Tatsache, dass die Gleitzeit tendenziell die Trennung beider Bereiche erleichtert, mag so den Zusammenhang zwischen dem Gleitzeitangebot und einer höheren Zufriedenheit und Bindung der Segmentoren an ihren Arbeitsplatz erklären (Rothbard, Phillips & Dumas, 2005, 243 f.).

Zur Schilderung des aktuellen Forschungsstandes kann auch Kratzers Buch „Arbeitskraft in Entgrenzung" (2003) herangezogen werden. Im Rahmen dieser Untersuchung sind Intensivfallstudien in drei Betrieben mit Expertengesprächen, Gruppendiskussionen und Einzelinterviews geführt worden, um Informationen darüber zu gewinnen, wie die Beschäftigten die neuen flexibilisierten und selbstbestimmten Arbeitsformen wahrnehmen. In seiner Studie wird deutlich, dass die drei Unternehmen unter erheblichem Entgrenzungsdruck stehen, was durch ein Missverhältnis von externen Anforderungen und den nötigen Ressourcen begünstigt wird und zu grenzenloser Arbeit führt (ebd., 87). Angesichts eines wachsenden Arbeitsdrucks, kaum zu bewältigenden Anforderungen sowie einer wachsenden Selbstständigkeit fühlen sich die Beschäftigten in seiner Untersuchung zum Teil „Autonom, aber alleingelassen" (ebd., 180) und wünschen sich einen konsequenten Projektleitenden oder Vorgesetzten zurück, da klare Leistungsanforderungen für sie eine Entlastung darstellen (ebd., 176, 180, 204). Man ist sich bewusst, dass durch die neuen Freiheiten auch der Druck steigt, die Arbeitszeiten länger und die Aufgaben komplexer werden. Dies deuten die Beschäftigten aber als positive Herausforderung und sind optimistisch, dass sich fast alles organisieren lässt (ebd., 182). Dabei muss allerdings zwischen „Echter Selbstorganisation" und „erzwungener Freiheit" differenziert werden. Die erste Form beinhaltet zwar Freiheit und Zwang zu gleich, dennoch ist sie subjektiv zu bewältigen. Die Anforderung der „Erzwungenen Selbstorganisation" ist letztlich, das Unmögliche auf eigene Kosten dennoch möglich zu machen, wodurch ein Dilemma entsteht, das sich für die Beschäftigten nur partiell und zeitlich begrenzt durch grenzenlosen Selbsteinsatz aller Ressourcen lösen lässt (ebd., 203-204).

Die grenzenlose Arbeit wird in der von Kratzer untersuchten IT-Beratung als naturgegeben (ebd., 162), aber ambivalent betrachtet. So wird das traditionelle „9to5"-Arbeitsmodell negativ gesehen und die Selbstbestimmung bei der eigenen Arbeit positiv wahrgenommen ebenso wie die Förderung der Vereinbarkeit von Arbeit und Privatleben durch die IT Beratung. Dort gilt das Konzept des „Lebens in der Arbeit" (ebd., 166), bei dem privat-berufliche Aktivitäten gefördert und viele Firmen Events geplant werden, um neben

Motivations- und Imagegewinnen die Erlebnisqualität bei der Arbeit zu verbessern. Das Angebot der besseren Vereinbarkeit ist dabei nicht nur Angebot, sondern zugleich eine Anforderung an die Beschäftigten sowie eine Forderung der jüngeren Beschäftigten. Ferner wird in dem Unternehmen im Rahmen eines „Active Friend"- Konzeptes, die Gemeinschaft und Stärke einer wechselseitigen Unterstützung und menschlichen Beachtung betont. Der hohe Stellenwert, den soziale Beziehungen in dem Unternehmen haben, wird insbesondere von den jüngeren Beschäftigten sehr positiv erlebt (ebd., 167).

Von einer besseren Vereinbarkeit beider Lebenssphären kann allerdings keine Rede sein. Dass Ansprüche aus dem Privatleben angesichts flexibler und extensiver Arbeit schwerer zu befriedigen sind, ist über alle Beschäftigten hinweg Konsens (ebd., 208). Vielmehr leidet die lebensweltliche Sphäre unter der hohen Arbeitszeit und es kommt zu deutlichen Einschränkungen im Familien- und Freundeskreis sowie bei Hobbys und ehrenamtlichen Tätigkeiten (ebd., 143, 153, 208). Wie lange jemand arbeitet, hängt der Studie zu Folge in erster Linie von den Arbeitsanforderungen und nicht von den subjektiven Bedürfnissen und Wünschen ab (ebd., 208). Dies wird beispielsweise an dem Umstand deutlich, dass den Beschäftigten ihre Freiheit hinsichtlich der Arbeitszeitgestaltung sehr wichtig ist, sie sie aber kaum für sich nutzen und bestenfalls mal eine Stunde später kommen, was als Teil des psychologischen Vertrages (Kotthoff, 2007) betrachtet wird (Kratzer, 2003, 168). Die vielen Freiheiten bei der Arbeit können auch als Freiheit zur Selbstausbeutung begriffen werden (ebd., 202), da die Beschäftigten die Tendenz haben, angesichts hoher Anforderungen Mehrarbeit zu leisten. Dies wird zusätzlich durch den Umstand begünstigt, dass das Missverhältnis zwischen Anforderungen und Arbeitsressourcen auf die eigene Desorganisation und Ineffizienz und nicht auf die strukturellen Defizite zurückgeführt wird (ebd., 170). Schließlich hält Kratzer fest, dass der Druck den Beschäftigten zu einem gewissen Maß Spaß bereitet und dieser Spaß, das entgegengebrachte Vertrauen sowie die erlebte Autonomie Wege in die Totalisierung der Arbeitswelt sein können (Kratzer, 2003, 246; Zilian, 2000).

3.2 Bislang vernachlässigte Fragen

Während die motivationalen und wirtschaftlichen Vorteile betrieblicher WLB-Maßnahmen bereits ausgiebig quantitativ untersucht worden sind, sind die potenziellen Nachteile, die sich daraus für die Beschäftigten ergeben könnten bislang wenig beachtet worden. Darüber hinaus kann der häufig verfolgte quantitative Ansatz kritisiert werden, da er zwar mit Statistik Zusammenhänge berechnen kann, aber wenig zum Verstehen beiträgt, warum und wie die Variablen sich beeinflussen. Eine der wenigen qualitativen Studien stellt die Untersuchung von Kratzer (2003) dar, an die die vorliegende Studie anknüpfen möchte. Während bei

Kratzer die betrieblichen WLB-Angebote jedoch kaum betrachtet worden sind, soll diese Studie auch die Frage klären, wie die Beschäftigten die betrieblichen Zusatzangebote konkret wahrnehmen und welche Wirkungen tatsächlich von ihnen ausgehen. Mit der Betrachtung von Arbeitsparadiesen à la Google und Facebook werden dabei Unternehmen untersucht, die im Hinblick auf Entgrenzungsphänomene bislang weniger erforscht wurden. Anders als in den bisherigen standardisierten, quantitativen Studien, bei denen insbesondere das Querschnitts-design zur Ermittlung kausaler Zusammenhänge kritisiert werden muss, zeichnet sich diese Arbeit durch ihre Offenheit für die Ansichten der Betroffenen aus. Somit ist die Möglichkeit zum Erkennen überraschender Effekte der Arbeitsgestaltung und von Entgrenzungsphänomen in der „schönen neuen Arbeitswelt" (Huxley, 2013) gegeben.

3.3 Studien bei zwei IT-Riesen

Für die vorliegende Studie sind vier problemzentrierte Interviews mit Beschäftigten zweier großer internationaler Softwareanbieter geführt worden. Beide Unternehmen stellen einflussreiche und moderne Global Player dar und weisen eine hohe Arbeitgeberattraktivität auf, wie in Studien - beispielsweise dem trendence Graduate Barometer von 2016 – deutlich wird. Aufgrund der in beiden Unternehmen vorliegenden Betriebsförmigkeit der Arbeit und dem hohen Anteil an unbefristeten Arbeitsverhältnissen stellen beide Unternehmen keine „typischen" Entgrenzungsbetriebe dar, sodass eine Betrachtung dieser Unternehmen im Hinblick auf eine mögliche Entgrenzungsentwicklung zu neuen Erkenntnissen führen kann.

Für ihre Beschäftigten halten beide Unternehmen zahlreiche WLB-Angebote wie etwa Meditationskurse, ausgezeichnetes, kostenloses Essen, Sauna und Fitnessstudios parat. Dabei wird rasch deutlich, dass sich die Unternehmen proaktiv um die Bedürfnisse ihrer Beschäftigten kümmern. Der hohe Stellenwert, den die Beschäftigten genießen, wird auch im Experteninterview deutlich. Die Ursprünge der großzügigen Zusatzangebote liegen nach Meinung des Experten in der "Garagenkultur" der Gründungsphase, in der die Arbeitszeiten so lang waren, dass sich das damalige Start-Up Unternehmen als Ausgleich aktiv für das Wohl seiner Beschäftigten eingesetzt hat und diese Geste bis heute beibehalten wurde. Gerade in Zeiten eines Fachkräftemangels würden die großzügigen WLB-Angebote darüber hinaus zur Erhöhung der Arbeitgeberattraktivität und zur Mitarbeiterbindung eingesetzt werden. Hinsichtlich der Arbeitsgestaltung ist festzuhalten, dass die Beschäftigten viel Freiraum genießen, sofern die Arbeitsleistung stimmt. Darüber hinaus weisen beide Unternehmen einen großen betrieblichen Campus auf.

Jedes Unternehmen mag seine ganz eigene Arbeitskultur und betrieblichen Besonderheiten aufweisen. Dennoch ähneln sich die strukturellen Erfordernisse moderner Großunternehmen in den wissensbasierten Branchen beispielsweise hinsichtlich des Fachkräfte-mangels (Kienbaum, 2015, 18). Auch sind Elemente einer „modernen" Arbeitsgestaltung wie gemütliche Kaffeeecken und betriebliche Fitness- sowie Gesundheitsangebote mittlerweile in den Unternehmen dieser Größenordnung und Branche weit verbreitet, sodass die Erkenntnisse aus den hier betrachteten Unternehmen mit einem gewissen Vorbehalt auch auf andere Unternehmen übertragen werden können.

4. Methodisches Vorgehen

Das folgende Kapitel widmet sich dem methodischen Vorgehen, das für die vorliegende Forschungsarbeit gewählt wurde. Dabei sollen unter anderem die Gründe für die Wahl eines qualitativen Verfahrens geschildert und die qualitativen Gütekriterien vorgestellt werden. Des Weiteren werden der Forschungsprozess und insbesondere das Forschungsfeld genauer erläutert.

4.1 Wahl eines qualitativen Forschungsdesigns

Die Wirkung der betrieblichen Angebote und der flexiblen, selbstbestimmten Arbeitsgestaltung ist bislang im New Business kaum vor dem Hintergrund eines Entgrenzungserlebens erforscht worden. Die vorliegende Studie soll auf diesen Forschungsbedarf eingehen, indem sie durch den direkten Kontakt mit den Betroffenen das Erleben und die relevanten Aspekte der Entgrenzung in den Arbeitsparadiesen exploriert. Diese Studie beschäftigt sich folglich nicht mit der objektiven, quantitativ gut zu erfassenden reinen Angebotsnutzung. Vielmehr liegt der Interessensschwerpunkt auf den latenten Motiven der Angebotsnutzung, dem individuellen Verhältnis von Arbeit und Privatleben sowie dem subjektiven, gefühlsbezogenen Erleben der „schönen neuen Arbeitswelt" (Huxley, 2013), welche zahlreiche Entgrenzungstendenzen aufweist. Dies lässt sich meines Erachtens nicht durch quantitative Verfahren erfassen, sondern muss im persönlichen Dialog mit den Gesprächspartnern und Gesprächspartnerinnen ergründet werden. Insbesondere, da im Hinblick auf den aktuellen Stand der Forschung davon auszugehen ist, dass individuelle Präferenzen bei der Nutzung der Angebote und ihrer Bewertung eine große Rolle spielen und sich auch die spezifische Lebenssituation der Beschäftigten in besonderer Weise auf ihre Meinungen zu der Thematik auswirkt. Folglich handelt es sich bei der Angebotsnutzung und dem Entgrenzungserleben im Arbeitsparadies um ein äußerst komplexes Konstrukt, das sich durch einen quantitativen Ansatz nur schwer in seiner Gänze erfassen ließe.

Neben diesen der Fragestellung inhärenten Gründen ist die Entscheidung für ein qualitatives Vorgehen in dieser Studie auch aufgrund einiger erkenntnistheoretischer Probleme der quantitativen Sozialforschung getroffen worden. So werden die zum Erkenntnisgewinn führenden Fragen bei einer quantitativen Studie bereits im Vorhinein durch die Forschenden auf der Basis bisheriger Forschungsergebnisse und -theorien ausgewählt, kategorisiert und meist mit einer Skala als Antwortformat versehen. Die Items werden also deduktiv vorgegeben, das heißt, dass von allgemeinen wissenschaftlichen Grundlagen Rückschlüsse auf den Einzelfall beziehungsweise die Befragten gezogen werden. Dabei ergibt sich die

Problematik, dass diese Items, die ohne Einbezug der Menschen, denen das Forschungs-interesse gilt, vorformuliert wurden, nicht unbedingt dem Relevanzsystem der „Befragten" entsprechen (Helfferich, 2011, 114 f.). Infolgedessen könnten wichtige neuartige Erkennt-nisse, die in einem offenen Interview aufgedeckt würden, unter Umständen verborgen bleiben. Bei dem in dieser Studie verwendeten qualitativen Ansatz wird hingegen bewusst darauf verzichtet, die Komplexität im Vorhinein einzugrenzen. Dadurch können Hintergründe zur Nutzung der betrieblichen Angebote aufgedeckt werden und Erkenntnisse zum Verhältnis der Arbeits- und Lebenswelt der Beschäftigten gewonnen werden (Kühn, 2005, 9 f.).

Darüber hinaus kann es bei einem quantitativen Vorgehen in der Sozialforschung leicht zu unbemerkten Missverständnissen kommen, da es aufgrund der unausweichlichen Vagheit der Sprache (Garfinkel, 1980) trotz identischer Formulierungen zu unterschiedlichen Deutungen kommen kann, weil diese vor dem lebensweltlichen Hintergrund der Beteiligten erheblich variieren können. Während diese Schwierigkeit in quantitativen Verfahren verdeckt bleibt, wird sie bei einem qualitativen Verfahren offen thematisiert.

4.2 Gütekriterien der qualitativen Forschung

Die qualitative Sozialforschung basiert auf dem interpretativen Paradigma, das davon ausgeht, dass jede Interaktion als interpretativer Prozess zu begreifen ist, dessen Sinn nicht fest vorgegeben ist, sondern variiert und ständigen Re-Interpretationen der Beteiligten unterliegt (Wilson, 1973, 54). Das normative Paradigma in der quantitativen Forschung geht hingegen davon aus, dass eine Interaktion als eine durch gesellschaftliche Dispositionen und Erwartungen bestimmte Handlung angesehen werden kann, die deduktiv zu verstehen ist (ebd., 56, 63). Während bei der quantitativen Forschung folglich von einem geteilten, „universellen" System von Bedeutungen und Definitionen ausgegangen wird, das sich daher gut messen lässt, bedingt bei dem interpretativen Paradigma die erhebliche Variation individueller Bedeutungen den hohen Stellenwert des Verstehens.

Wegen der deutlichen Unterschiede beider Forschungsrichtungen können die klassischen quantitativen Gütekriterien Objektivität, Reliabilität und Validität dem interpretativen Forschungsparadigma nicht gerecht werden (Lamnek, 2005, 130 ff.). So widerspricht die in der quantitativen Forschung als wichtig erachtete „Standardisierung des gesamten For-schungsprozesses" wichtigen Prinzipien qualitativer Forschung wie der Flexibilität, Offenheit, Reflexivität sowie der Auffassung von Forschung als Kommunikationsprozess (ebd., 34), sodass für qualitative Forschungsarbeiten andere Gütekriterien wie die sechs Gütekriterien qualitativer Forschung von Mayring (2016, 140f.) herangezogen werden müssen.

So ist im Rahmen der Forderung nach Objektivität auf die erforderliche Verfahrens-dokumentation (ebd., 144-145) zu verweisen, die der „intersubjektiven Überprüfbarkeit" (Lamnek, 2005, 135) des Forschungsprozesses dient. Dieser Aspekt ist in der vorliegenden Studie durch eine ausführliche Erläuterung des gesamten Forschungsvorgehens berücksichtigt worden, die die Beschreibung der Gesprächspartner und Gesprächspartnerinnen sowie die Darstellung der verwendeten Interviewleitfäden einschließt. Eine Übersicht der Systema-tisierung der Kernsätze ist im Anhang dargestellt. Darüber hinaus sollen Zitate einzelner Interviewausschnitte die Nachvollziehbarkeit der Argumentation verstärken und das Vorgehen transparent machen.

Im Hinblick auf die von Mayring angesprochene argumentative Interpretationsabsicherung (Mayring, 2016, 145) ist in dieser Arbeit die Nachvollziehbarkeit der vorgenommenen Interpretation durch den ausführlichen Theorieteil anzuführen, der ein fundiertes Verständnis des Themenkomplexes ermöglicht. Weiterhin betont Mayring die Relevanz der Regel-geleitetheit, die einem willkürlichen, unsystematischen Vorgehen entgegensteht (ebd., 145). Sie ist bei dieser Arbeit dadurch berücksichtigt worden, dass das empfohlene Procedere der angewendeten qualitativen Methoden sorgfältig verfolgt worden ist, die Verwendung eines Leitfadens den Gesprächen eine gewisse Struktur gegeben hat und ferner die ethischen Grundsätze befolgt worden sind.

Die von Mayring geforderte Nähe zum Gegenstand (ebd., 145) wird durch ein Ansetzen der Forschungsaktivitäten an der Alltagswelt der „Forschungssubjekte" erreicht. Vor diesem Hintergrund wurden die Gespräche dieser Studie in den Meeting-Räumen beziehungsweise in den ruhigen Cafeterias der Unternehmen geführt, die Teil des normalen Alltags der Beschäftigten sind und somit ein vertrautes Umfeld darstellen. Auch die Themen, nämlich die betrieblichen WLB-Angebote, die Arbeitskultur und das Verhältnis von Arbeits- und Lebens-welt spielen im Alltag der interviewten Beschäftigten eine Rolle, sodass sie sich gut dazu äußern können.

Die Gültigkeit der Interpretationen und Schlussfolgerungen wiederum erfolgt durch den Prozess der Validierung. Die Interpretationen der gewonnenen Informationen durch die Forschenden sind nach Przyborski und Wohlrab-Sahr (2008, 13) „Konstruktionen zweiten Grades" und per se subjektiv. Dies bedeutet, dass bereits die Erzählungen der Interviewten Rekonstruktionen ihrer Wirklichkeit sind. Die Interpretation der Ergebnisse ist ferner stark von der Situation und dem Kontext der Erzählung abhängig (ebd. 12 f). Daher gilt es, die Interviewsituation, in der die Texte entstanden sind ebenfalls zu reflektieren. Diese Reflektion ist bei der hier vorliegenden Arbeit intensiv durchgeführt worden. Die entsprechenden Erkenntnisse werden in Kapitel 7 geschildert. Die Konzeption dieser Studie als Einzelarbeit bringt allerdings per se Probleme hinsichtlich der Diskussion von Interpretationsideen mit sich, sodass ich mich bei der Analyse und Interpretation der Gesprächsinhalte nach Möglichkeit eng mit einer Kommilitonin austauschte, um auf mögliche Widersprüche, Mehrdeutigkeiten und Unklarheiten aufmerksam zu werden.

Auch das von Mayring (2016, 147) geforderte Kriterium der „Kommunikativen Validierung", bei dem die Gültigkeit der Ergebnisse und Interpretationen überprüft werden, indem man sie den „Beforschten" vorlegt und mit ihnen diskutiert, ist in dieser Arbeit angestrebt worden. So haben die Gesprächspartner und die Gesprächspartnerin eine PowerPoint-Präsentation mit den für sie aufbereiteten Ergebnissen und Interpretationen erhalten und gaben mir das Feedback, dass sie sich darin gut wiederfinden können.

Schließlich führt Mayring (2016, 147f.) auch die methodenübergreifende Übereinstimmung, auch Triangulation genannt, als wichtiges Gütekriterium für die qualitative Forschung an. Dies bezeichnet die Betrachtung der Fragestellung aus verschiedenen Perspektiven beziehungsweise mit verschiedenen Forschungsmethoden und Datenquellen sowie den Vergleich der Ergebnisse, der auf Stärken und Defizite der einzelnen Analyseergebnisse hindeuten kann. Auch in dieser Arbeit sind mehrere Datenquellen genutzt worden, indem neben der Interviewführung auch Kontextinformationen beispielsweise über die Unternehmensgeschichte und -kultur sowie die betrieblichen Zusatzangebote eingeholt worden sind. Dabei war der Gatekeeper des einen Unternehmens aufgrund seiner langen Betriebszugehörigkeit eine große Hilfe, da er mir im Rahmen eines Experteninterviews wichtige Informationen zur Unternehmenskultur und den betrieblichen Angeboten gab. Was das andere Unternehmen betrifft, konnte ich bereits vorhandene Forschungsartikel sowie Informationen von der Homepage des Unternehmens nutzen, um ein solides Kontextwissen zu erlangen. Außerdem war es mir in beiden Unternehmen möglich, das Campusgelände zu besichtigen und mir die WLB-Angebote persönlich anzusehen. Auch die Eindrücke dieser Besichtigung können als Kontextinformation verwendet werden, um die Interviews vor dem Hintergrund der „sozialen Umwelt" zu reflektieren. Lewin (1981, 197) versteht unter diesem Begriff eine Umgebung, in der bestimmte Regeln gelten und bestimmtes Verhalten typisch ist. Die Beschreibungen der Gesprächspartner und Gesprächspartnerinnen können nicht losgelöst von den Umweltfaktoren betrachtet werden, da soziales Handeln von der Umwelt determiniert wird (ebd. 196). Durch das Experteninterview und die Besichtigung beider Campusgelände ist folglich ein tieferes Verstehen der problemzentrierten Interviews ermöglicht worden.

4.3 Erhebungs- und Auswertungsmethoden

Wie bereits angedeutet, war die Verfolgung eines qualitativen Designs dieser Forschungsarbeit aus verschiedenen Gründen zu präferieren. Daher sollten zur Informationsgewinnung vier problemzentrierte Interviews nach dem Ansatz von Witzel (2000) mit den Beschäftigten moderner IT-Großunternehmen durchgeführt werden. Der Erkenntnisgewinn im gesamten Forschungsprozess wurde als induktiv-deduktives Wechselspiel (ebd., 2) gestaltet, um zum einen mein Vorwissen als Forscherin offenzulegen, zum anderen durch die auf einen großen Redeanteil der „Befragten" ausgerichteten Fragen Offenheit gegenüber dem Forschungsgegenstand zu gewährleisten (ebd., 2). Um das Potenzial problemzentrierter Interviews vollständig auszuschöpfen, wurden in diesem Forschungs-projekt, wie von Witzel (2000) empfohlen, vier Instrumente verwendet: Ein Kurzfragebogen zur Erfassung von allgemeinen Daten, Tonaufzeichnungen der Interviews (mit anschließender Transkription), ein Interviewleitfaden sowie Postskripte, um „situative und nonverbale Aspekte" der Gespräche (ebd., 4) festzuhalten. (ebd., 3 f.)

Die Auswertung der problemzentrierten Interviews erfolgte nach der Kernsatzmethode von Leithäuser und Volmerg (1988), die den Vorteil aufweist, dass es zu einer Komplexitäts-reduktion kommt, ohne dass die tieferliegenden Sinnstrukturen verloren gehen. Bei diesem Verfahren wurden die Transkripte der problemzentrierten Interviews zunächst auf natürliche Verallgemeinerungen der Interviewten im Gesprächsfluss untersucht (ebd., 245) und so-genannte „Kernsätze" festgehalten. Anschließend wurden diese Kernsätze nach thematischen Auffälligkeiten geordnet. So gab es beispielsweise mehrere Kernsätze zum Thema „Freiräume bei der Arbeit". Aus diesen Themen bilden sich wiederum Erfahrungsfelder heraus. So bildet das eben vorgestellte Thema mit zwei weiteren Themen („Ziele statt Zwänge" und den „Flexible Arbeitszeiten") zusammen das Erfahrungsfeld „Autonomie bei der Arbeit". Verschiedene Erfahrungsfelder lassen sich anschließend wiederum zu Erfahrungsdimensionen zusammenfassen. Diese Dimensionen stellen letztlich die aus der Forschung hervorgehenden Spannungsfelder dar. (ebd., 246). Das genannte Erfahrungsfeld „Autonomie bei der Arbeit" findet sich beispielsweise im Spannungsfeld „Freiheiten bei der Arbeit versus Grenzen und autonomieassoziierte Anforderungen" wieder.

Da lediglich ein Experteninterview geführt wurde, bot sich als Auswertungsmethode die Vorgehensweise nach Meuser & Nagel (1991) bis einschließlich des Schrittes der Überschriftenbildung an: Zunächst wurden die Passagen des Interviews, die relevante Informationen enthalten, transkribiert, andere Passagen wurden paraphrasiert (ebd. 455 f.). In einem nächsten Schritt wurden den einzelnen Textpassagen textnah formulierte Überschriften gegeben (ebd., 457 f.). Um eine Übersicht über die inhaltlichen Aspekte des Experteninterviews zu erlangen, wurden zusätzlich Passagen mit ähnlichen Inhalten zusammengestellt (ebd. 458). Die Inhalte wurden dann, wie oben beschrieben, genutzt, um die Aussagen aus den problemzentrierten Interviews in den Kontext des Gesamtunternehmens einordnen zu können.

4.4 Die Gesprächspartner und Gesprächspartnerinnen

Das vorliegende Forschungsprojekt wurde in zwei Unternehmen durchgeführt, die ihren Beschäftigten sehr viele betriebliche WLB-Angebote und Leistungen wie einen Reinigungs-service, ein Fitnessstudio und einen betrieblichen Kindergarten bieten. Die Nutzung der vorhandenen Angebote wird nach Meinung des Experten von der Unternehmenskultur getragen. Beide Unternehmen nehmen darüber hinaus in Deutschland eine Vorreiterstellung hinsichtlich moderner Arbeitsgestaltung ein. Aus diesem Grund und wegen des Vorliegens einer betrieblichen Campusstruktur boten sich die beiden Unternehmen zur Untersuchung der Forschungsfrage sehr gut an.

Der Kontakt zu drei der vier an den Gesprächen Teilnehmenden wurde über einen „Gate-keeper" (Helfferich, 2011, 175) hergestellt, der seit langem für das eine untersuchte Unternehmen arbeitet und dort über zahlreiche Kontakte verfügt sowie über den Rotary Club auch Kontakte in anderen Firmen des New Business hat. Die vierte Gesprächspartnerin fand sich über die Suche in den sozialen Medien. Nach dem ersten Kontakt, erhielten die vier Beschäftigten durch ein Exposé genauere Informationen zum Forschungsvorhaben.

Bei den drei Gesprächspartnern und der einen Gesprächspartnerin handelt es sich um Angehörige zweier IT- Unternehmen, die in den Abteilungen Vertrieb, Personalwesen und Entwicklung auf unterschiedlichen Hierarchiestufen arbeiten. Darüber hinaus sind sie in unterschiedliche Altersklassen einzuordnen, da die Hälfte der Interviewten unter 35 ist und die andere Hälfte um die 50 Jahre alt ist. Die interviewten Beschäftigten befinden sich folglich in unterschiedlichen Lebensphasen, die wahrscheinlich mit verschiedenen Prioritäten, Wünschen und Bedürfnissen einhergehen. Auch hinsichtlich des Familienstandes wirkt die Gruppe sehr heterogen. So sind zwei der Gesprächspartner verheiratet und haben eigene Kinder, die schon erwachsen sind, beziehungsweise noch im Kleinkindalter sind. Eine interviewte Person ist Single und eine weitere in einer festen Beziehung ohne Kinder. Die hier geschilderte Heterogenität ist insofern positiv, da sie einen tiefergehenden und umfassenderen Einblick in die Unternehmen ermöglicht, als eine bloße Befragung von Beschäftigten einer spezifischen Abteilung. Ferner können so mit der Lebenssituation assoziierte Besonderheiten hinsichtlich der Wahrnehmung der betrieblichen Angebote entdeckt werden.

Doch es gibt auch zahlreiche Ähnlichkeiten zwischen den interviewten Beschäftigten. Sie sind alle deutscher Nationalität, hellhäutig und weisen einen hohen Bildungsstand sowie einen überdurchschnittlich hohen sozioökonomischen Status auf. Darüber hinaus arbeiten sie in der gleichen Branche bei einem erfolgreichen internationalen Unternehmen und sind schon seit mehreren Jahren für diesen Arbeitgeber tätig. Letzteres war ein wichtiges Kriterium bei der Auswahl der Gesprächspartner und Gesprächspartnerinnen, da so davon auszugehen ist, dass sie mit der Unternehmenskultur ausgiebig vertraut sind und sie einige der betrieblichen Angebote selber kennengelernt haben. Diese Ähnlichkeiten sind insofern von Bedeutung, als dass sie das Auffinden bestimmter Muster in einer Gruppe ermöglichen.

5. Empirische Ergebnisse

In diesem Kapitel sollen die zentralen Erkenntnisse der vorliegenden Studie vorgestellt werden. Es sind acht entgrenzungsrelevante Spannungsfelder ausgemacht worden, welche in den folgenden Abschnitten näher beschrieben werden. Diese Spannungsfelder haben jeweils eine komplexe Struktur, wie in Kapitel 4.3 erläutert wurde. Um dem geforderten Umfang dieser Arbeit gerecht zu werden, kann in diesem Abschnitt nur auf die prägnantesten inhaltlichen Aspekte eingegangen werden. Eine vollständige Übersicht über die einzelnen Erfahrungsdimensionen findet sich im Anhang. Auf Seite 44 bildet eine Grafik das komplexe Zusammenwirken der Spannungsfelder ab. Aus Gründen der Anonymisierung sind die in den Zitaten erwähnten Namen der Gesprächspartner und der Gesprächspartnerin verändert worden.

5.1 Themenbezogene Darstellung

5.1.1 Unternehmenskultur: Innenwelt vs. Außenwelt

Im Hinblick auf die Unternehmenskultur ist eine gewisse Spannung zur Außenwelt zu erkennen. So weisen die Beschäftigten beispielsweise auf Diskrepanzen zwischen Medienbild und tatsächlicher Arbeitskultur hin. Während sich die Medien oft nur auf negative pressewirksame Themen wie die Datenschutzproblematik fokussieren, würden die positiven Maßnahmen der Unternehmen zu wenig Beachtung erfahren. Darüber hinaus verbreiten die Medien oft Informationen über Besonderheiten bei der Arbeitsgestaltung in den amerikanischen Betrieben. Die Angebote dort unterscheiden sich aber in einigen Punkten von denen in den deutschen Niederlassungen etwa durch zusätzliche und noch großzügigere Angebote, die Lücken bei der staatlichen Absicherung schließen.

Von der Außenwelt grenzen sich die Unternehmen ab, indem interne Informationen zurück-gehalten werden. Dies ist im Businesskontext aber durchaus üblich, wie ein Mitarbeiter betont. Doch bietet das Unternehmen externen Personen auch zahlreiche Optionen an, die Firma kennenzulernen. Eine Gesprächspartnerin nennt in diesem Kontext Summer Camps, Stipendien und Beiträge bei YouTube. Auch die anderen Gesprächspartner berichten auf die Frage, wie sie zu dem Unternehmen gekommen sind, von Events der Firma, die ihr Interesse an dem Unternehmen geweckt haben.

Bezüglich der Arbeitskultur sind sich die untersuchten Unternehmen recht ähnlich. So weisen sie beide nach Auffassung der befragten Beschäftigten einen freiheitlichen Führungsstil auf und verfügen trotz der rasant gewachsenen Unternehmensgröße eher über flache Hierarchien. Allerdings geht aus den Gesprächen hervor, dass die Hierarchien zwar explizit flach sind und die Führungskräfte den direkten Kontakt zu den Beschäftigten auf Augenhöhe suchen. Jedoch führen der Respekt der Beschäftigten gegenüber dem hohen Management und die Bedenken, die Führungskräfte zu stören, zu einer gewissen Segmentation zwischen den Ebenen. Hier kann von einer Grenzziehung auf freiheitlicher Basis ausgegangen werden. Ferner sorgt auch die Zeitknappheit auf Seite der Führungsetage dafür, dass die Hierarchieebenen in der Praxis eben doch etwas getrennt sind.

Darüber hinaus wird das Unternehmen als offen für kritische Stimmen wahrgenommen und proaktive Beschäftigte, die selbstbewusst eigene Verbesserungsvorschläge einbringen, als erwünscht betrachtet. Des Weiteren weisen die Gespräche auf ein positives Menschenbild hin, welches sich in einem großen Vertrauensvorschuss äußert und von einer sehr offenen internen Informationspolitik begleitet wird. In diesem Kontext wird auf die Transparenz in den Unternehmen eingegangen, die sich zum einen auf strategischer Ebene mit „All-Hands-Meetings" ausdrückt, aber auch zwischen den Mitgliedern eines Arbeitsteams zu erkennen ist. In diesem Mikro-Setting ist Transparenz insofern von Bedeutung, als dass sie über die dort vermittelten Informationen eine erfolgreiche Selbstorganisation von Projekten ermöglicht.

Dabei ist auch auf die Duz-Kultur in beiden Unternehmen hinzuweisen, die nach Meinung eines Mitarbeiters dazu einlädt, *„aufbauend und respektvoll miteinander umzugehen".* Siezen hingegen *„lädt eher dazu ein, hinterhältiger zu sein"* (Interview 2, S.14, 677-687). Die Art wie die Beschäftigten das Verhältnis unter den Kollegen beschreiben deutet auf ein sehr gutes soziales Klima sowie Rücksichtnahme und Fürsorglichkeit untereinander hin. Mika äußert sich dazu wie folgt.

> **Mika:** *„Wir duzen uns natürlich alle. Jeder ist darauf bedacht, ein gutes Verhältnis zu den Kollegen zu haben, alle teilen ähnliche Wertekultur. Das macht es sehr einfach und sehr angenehm auf hohem Niveau miteinander zu arbeiten und jeder Tag -wenn du es mit anderen Firmen vergleichst- ist ein reines Vergnügen, mit den Kollegen zusammenzuarbeiten."* (Interview 3, S. 31, 1514-1517)

Doch hat das gute Verhältnis seine Grenzen wie Mika deutlich macht:

> **Mika:** *„Natürlich arbeiten wir alle eng zusammen und alle verstehen sich auch gut. Als große Familie würde ich als übertrieben ansehen. Ich denke am Ende des Tages ist dann doch eine nützliche Beziehung, die man eingegangen ist."* (Interview 3, S. 31, 1531-1533)

Die Arbeitsatmosphäre, die nach den Beiträgen der Beschäftigten fast wie Arbeit mit Freunden erscheint, wird dadurch relativiert, dass sie einen deutlichen utilisierenden Charakter hat. So kommt es auf dem Flur teils zu so unbedeutenden „Schwätzchen", dass ein Mitarbeiter sich fragt, warum man das überhaupt macht und feststellt, dass es ihm eben dabei hilft, wenn er mal ein wirkliches Anliegen hat (Interview 2, S.18, 867- 870).

Darüber hinaus geht aus den Beschreibungen der Arbeitskultur noch das Vorhandensein eines rationalen Prinzips hervor, da bei der Frage nach bedeutenden oder charismatischen Führungspersonen ausschließlich auf die Relevanz von technischen Leistungen und Fertigkeiten eingegangen wird.

Schließlich ist festzuhalten, dass bei der Thematisierung der Unternehmenskultur oft Vergleiche mit anderen Unternehmen angestellt werden, was als Hinweis für eine gewisse Spannung zwischen Innenwelt im Unternehmen und Außenwelt betrachtet werden kann.

> **Luca:** *„Bei den Kunden, bei denen ich nicht arbeiten wollte, [gäbe es] jetzt den blauen Brief nach zwei, drei Tagen oder zumindest mal einen verschärften Anruf. Hilft dir das in so einer [Überlastungs-] Situation? Ganz bestimmt nicht." (Interview 2, S. 16, 804-805)*

Hier wird eine Fürsorglichkeit und Rücksichtnahme gegenüber den Beschäftigten deutlich, die in anderen Unternehmen eher nicht zu finden ist. Der Firma ist nach Meinung der befragten Beschäftigten an einer ausgeglichenen Work-Life-Balance gelegen. In diesem Rahmen nimmt das Management seine Fürsorgepflicht wahr, indem es hinsichtlich Abschalten mit gutem Beispiel vorangeht und die Beschäftigten gegebenenfalls darauf hinweist, wenn diese besser „etwas vom Gas runtergehen" sollten. Dabei wird jedoch festgehalten, dass diese gesundheitsförderlichen Hinweise nicht auf purem Altruismus basieren, sondern eine ökonomische Wurzel haben – nämlich die Produktivität, welche maßgeblich von dem Wohlbefinden der Beschäftigten beeinflusst wird.

Zuletzt sei erwähnt, dass Aussagen wie *„Es macht Freude, Vorreiter zu sein."* (Interview 2, S.26, 1281) auf Stolz sowie ein gewisses „Elite-Empfinden" hindeuten können. Dieser Eindruck wird darüber hinaus auch von dem anspruchsvollen Auswahlprozess verstärkt, der darauf ausgerichtet ist, dass Bewerber und Bewerberinnen im Zweifel nicht genommen werden, um einen negativen Einfluss auf das Klima im Unternehmen zu vermeiden. Als Eintrittsbarriere bewegt sich auch die anspruchsvolle Personalauswahl zwischen Innen- und Außenwelt.

5.1.2 Sehr individuell - Die Angebotsnutzung vs. Barrieren

Wie in der Einleitung und Kapitel 3.3 bereits beschrieben, steht den Beschäftigten des Unternehmens eine Fülle an WLB-Angeboten zur Verfügung. Alle interviewten Beschäftigten nutzen das hochwertige betriebliche Essensangebot. Viele von ihnen sogar zum Frühstück, da sie alleine leben oder die Familie zum Zeitpunkt ihres Aufstehens noch schläft und sie von den positiven Effekten durch den Austausch mit ihren Kollegen und Kolleginnen profitieren möchten. Ferner spielen dabei die hohe Qualität und der Umstand, dass es kostenlos ist, eine Rolle. Bei der Nutzung der anderen Optionen sind hingegen deutliche individuelle

Unterschiede zu erkennen. So nutzt ein Gesprächspartner gerne die sportbezogenen Angebote, währenddessen eine Gesprächspartnerin mit einem Lachen betont, dass sie den Ruheraum sehr viel öfter nutzt als das Fitnessstudio. Insbesondere die Nutzung der betrieblichen Sauna und Ruhemöglichkeiten wirken polarisierend. Neben den bisher genannten Angeboten gehen die Beschäftigten noch auf weitere Annehmlichkeiten wie Massagen, den Frisör sowie die betriebsinterne Bank und das Reisebüro ein, welche sie überwiegend als sehr praktisch und angenehm beschreiben. Der Nutzung der unterschiedlichen Angebote stehen jedoch einige Nutzungsbarrieren gegenüber. So weisen die Aussagen der Betroffenen auf einen mangelnden Überblick hinsichtlich der betrieblichen Angebote hin. Darüber hinaus wird in den Gesprächen deutlich, dass oftmals die Zeit fehlt oder sich keine Gelegenheit ergibt. Ferner wird eingeworfen, dass sich das Nutzungsverhalten in zwei Gruppen einteilen lässt: Diejenigen, die die Angebote so sehr nutzen, dass die Arbeit leidet und diejenigen, die so viel arbeiten, dass sie gar keine Zeit für die WLB-Optionen haben.

Doch neben diesen äußeren Hinderungsgründen gibt es auch individuelle Aspekte, die der Nutzung der betrieblichen Angebote im Wege stehen. So fehlt zum einen für bestimmte Angebote das Verständnis und Interesse. Doch eine noch stärkere Nutzungsbarriere stellt das Vorhandensein privater Freizeitoptionen dar, welches meist mit dem Wunsch einhergeht, die Arbeit und Privates zu trennen.

5.1.3 Funktionen vs. Nebenwirkungen von Angeboten und Arbeitsgestaltung

Die besondere Art der Arbeitsgestaltung und die betrieblichen Angebote erfüllen aus Sicht der interviewten Mitarbeiter und Mitarbeiterinnen viele verschiedene Effekte. Bei den entsprechenden Beiträgen lässt sich ein Spannungsfeld zwischen der Funktionalität der Angebote, ihren Nebenwirkungen und einer wahrgenommenen Wirkungslosigkeit identifizieren.

So wird betont, dass Angebote wie die Kaffeeecken sowie die räumliche Gestaltung des Betriebes dafür sorgen, dass man einander häufig über den Weg läuft und so das Netzwerken gefördert wird. Darüber hinaus erfüllen die Räumlichkeiten einen Beschäftigten mit Stolz und stellen für ihn eine besonders wirksame Form der Anerkennung dar:

> **Luca:** „*Es macht natürlich auch schon Laune, jetzt zum Beispiel Leuten wie dir zu zeigen "Guck mal das ist mein Arbeitsplatz." Dieser Stolz auf die Firma wird natürlich auch darüber geprägt und nicht nur über die (..) finanziellen Ergebnisse. [...] dann ist das natürlich auch etwas jenseits des Gehaltszettels, dann auch motiviert weiter zu machen, weil du sagst: "Okay, ich kann das jetzt machen." -meinetwegen in den Wald zu gehen- und was für mich tun, weil ich weiß, dass ich etwas dazu beigetragen habe.*

Also von der Zufriedenheit her und mit der (..) es ist eine ganz subtile Form der Anerkennung, die in meinen Augen aber viel länger dauert, als wenn ich jetzt einmal die Woche herumgehe und Schultern klopfe oder sonst etwas mache."(Interview 2, S. 17, 838-841; 1045-1050)

Eine hohe motivationsbezogene Wirkung der Angebote ist in allen Gesprächen zu erkennen. Ferner betont ein anderer Gesprächspartner mit dem prägnanten Satz „*Wenn der Anzug zu eng ist, dann bewegst du dich auch nicht.*" (Interview 2, S.22, 1088), dass Aspekte wie Vertrauensarbeitszeit und WLB-Angebote für effektives, eigenverantwortliches Arbeiten erforderlich sind. Die Effizienz der Angebote wird häufig angesprochen. Die Betroffenen nehmen durch die betrieblichen Optionen eine Zeitersparnis wahr und sind dankbar für die damit einhergehende Entlastung. Dabei betonen einige Beschäftigte, dass diese Zeitersparnis zu einer Mehrarbeit führt.

> **Luca:** *„Aber ein gewisser Stressfaktor, der mit dem Thema "Ich muss privat etwas besorgen", der wird einem damit genommen. Noch viel schlimmer war das damals mit Ämtern et cetera pp. Das kann man jetzt inzwischen ja alles über das Internet machen. Ja aber, es ist sicherlich wahr, dass man dadurch länger hier ist. Die Frage ist, ob das dadurch mehr oder weniger stressig ist. Würde ich eigentlich beantworten, dass ich es lieber habe, diese Freiheit zu genießen und dann ein bisschen länger da bin." (Interview 1, S. 15, 720-730)*

Luca erzählt, dass er die Angebote als entlastend wahrnimmt, da er sich dadurch auch bei der Arbeit um die Organisation privater Dinge kümmern kann. Gerne bleibt er dafür etwas länger bei der Arbeit. Die mit den Angeboten einhergehende Tendenz zur Mehrarbeit ist den Beschäftigten überwiegend bewusst und sie nehmen sie im Gegenzug für weniger Arbeit mit privaten Belangen in Kauf. Jill berichtet darüber hinaus von der erholsamen Wirkung der Meditation:

> **Jill:** *„Ich finde das ein super Angebot. Also wenn ich dann so eine Meditation mitgemacht habe, dann denke ich mir, das sollte ich viel öfter machen, weil es einen halt schon mal aus dem Alltag rausnimmt und man hat danach den Kopf viel freier, ist auch. man hat viel mehr Energie, sich dann an den Schreibtisch zu setzen und durchzuarbeiten." (Interview 4, S. 38, 1871-1874)*

Die Meditation wirkt sich positiv auf ihre Konzentration und Energie aus, sodass sie dann „durcharbeiten" kann. Dies kann als ein Hinweis betrachtet werden, dass die Angebote nicht nur die Arbeitszeit, sondern auch die Arbeitsleistung der Beschäftigten steigern können. Wie darüber hinaus deutlich wird, sind gewisse Nebenwirkungen der Angebote zu erkennen, welche das Wohlbefinden der Beschäftigten beeinträchtigen können. So gibt es neben dem angesprochenen Punkt der Mehrarbeit das Problem, dass – gerade durch die kommunikationsförderliche Arbeitsgestaltung und offene Arbeitskultur – konzentrierte Arbeit nur zu den Randzeiten möglich ist. Des Weiteren führen die großzügigen Angebote aus Sicht der Betroffenen dazu, dass die Ansprüche gehoben werden. Ein Absenken der Angebote beispielsweise in Form von reduzierter Qualität in der Kantine wird von den Beschäftigten sehr kritisch wahrgenommen. Außerdem kommt es nach Angaben der Beschäftigten vereinzelt zur Ausnutzung der Angebote, indem unangemessen viele Tickets für Betriebsfeste gefordert werden oder gar die Kaffeebohnen aus den Automaten entnommen werden. Die sehr heftige negative Reaktion auf den Diebstahl der betriebseigenen Kaffeebohnen wird in diesem Beitrag deutlich:

> **Luca:** *„Wenn ich einen erwische, ich schlage ihn. Nochmal. Es ist lächerlich. Es ist absolut lächerlich. Also was weiß ich (.) ein Kilo Bohnen, wenn es guter Kaffee ist, so 20 bis 30 Euro. Mit den Gehältern, die wir haben. Was mache ich damit kaputt? Ja? Und das stört den normalen SOFTALIS*ler stark. Und ich finde es dann auch gut, wenn man sagt: "Ich verteidige dieses." Weil wie gesagt dieser Exzess (..) also ich bereichere mich dann quasi an diesen Möglichkeiten. Das ist untragbar."* (Interview 2, S.22, 1073-1077)
>
> * Der Unternehmensname ist im Rahmen der Anonymisierung geändert worden.

Luca hält dieses ausnutzende Verhalten insbesondere vor dem Hintergrund der hohen Gehälter für völlig ungerechtfertigt und betont, dass der Schaden, der dadurch entsteht, hoch ist. Hier scheint die Norm nach Reziprozität eine Rolle zu spielen, was in Abschnitt 6.5 genauer erläutert wird.

Des Weiteren ist der Umstand, dass überall kostenlose Kaffeeautomaten zu Verfügung stehen, für einige der Interviewten zwar sehr angenehm, geht aber gleichzeitig mit einem Anstieg des Koffeinkonsums einher, der zum Teil als gesundheitsgefährdend wahrgenommen wird. Schließlich können die betrieblichen Angebote auch dazu führen, dass privaten Hobbys nicht mehr nachgegangen wird. So äußert sich ein Gesprächspartner dahingehend, dass er aufgrund der kulinarischen Angebote am Arbeitsplatz zu Hause gar nicht mehr kocht, was ihm früher viel Spaß bereitet hat.

5.1.4 Von Freiheiten, Grenzen und inneren Zwängen

In den geführten Gesprächen wird deutlich, dass die Beschäftigten über große Handlungsspielräume und Freiheiten verfügen. Es gilt für alle eine Vertrauensarbeitszeit, sie können sich ihre Arbeit selber strukturieren und auch mal in der Mittagspause eine längere Shoppingpause einlegen, wenn sie dafür abends länger arbeiten. Statt der Orientierung an der Arbeitszeit gilt in beiden Unternehmen eine Zielorientierung. Dabei werden die Ziele von oben vorgegeben und die Gestaltung der Zielverfolgung steht den Beschäftigten völlig frei. Auch dieser Aspekt wird von den Beteiligten als sehr positiv und motivierend erlebt.

Doch können diese Freiräume durch die mit ihr einhergehenden Strukturierungsanforderungen für die Beschäftigten auch zur Belastung werden, wie in dieser Passage mit Jill deutlich wird.

Jill: *„Ich denke, es ist schon ein Anspruch, je mehr Freiheiten man hat desto mehr ist man auch gefordert selbst Verantwortung zu übernehmen und das kann schon auch Stress sein und das ist dann eine eher neue Erfahrung, wenn man eher aus starren Strukturen kommt, wo ganz klar ist, das ist mein Verantwortungsbereich und darüber hinaus muss ich mir um nichts Gedanken machen, denn da sind im Zweifelsfall andere dran schuld, wenn es schiefgeht. Das ist hier eben auch so ein bisschen anders, sich selbst zu organisieren. Angebote wahrzunehmen oder eben nicht wahrzunehmen. Das kann dann passieren, dass es einen stresst, aber das ist eben schon ein Anspruch."* (Interview 4, S. 46, 2287-2295)

Die hier thematisierte hohe Eigenverantwortung kann nach Auffassung von Jill insbesondere dann belastend wirken, wenn man aus einer Arbeitsumgebung mit niedrigerem Handlungsspielraum und engumschriebenen Verantwortungsbereichen kommt, wo man die Schuld im Falle eines Misserfolges auf andere abwälzen kann. Es wird implizit deutlich, dass man in den Arbeitsparadiesen selber die Verantwortung trägt, eigene Entscheidungen zu treffen hat und für die Konsequenzen geradestehen muss.

Die zeitliche Flexibilität gefällt den Beschäftigten sehr gut. Jedoch wirft ein Gesprächspartner ein, dass Selbstdisziplin(-ierung) dabei von großer Bedeutung ist, um weder zu viel noch zu wenig zu arbeiten. Das Unternehmen unterstützt die Selbstorganisation zwar mit *„tonnenweise Trainings"* (Interview 3, S. 26, 1303), aber letztlich hängt der Erfolg nur von der Willenskraft der Beschäftigten ab. Hier wird deutlich, dass ein enger Zusammenhang zwischen Entgrenzung der Arbeit und individuellen Strukturierungsanforderungen besteht. Dieser Aspekt wird in Kapitel 6.3 genauer betrachtet.

Darüber hinaus zeigt es sich in mehreren Gesprächspassagen, dass die Beschäftigten zwar formal über viele Freiheiten verfügen, aber der tatsächliche Spielraum bedeutend kleiner ist, da Sachzwänge limitierend wirken. So wird die Möglichkeit der Teleheimarbeit dadurch begrenzt, dass telefonisch insbesondere persönliche und brisante Themen weniger gut angesprochen werden können. Durch diese Art der Arbeit kann folglich kein gutes Verhältnis zu den Mitarbeitenden aufgebaut werden, was für Beschäftigte mit Führungsverantwortung besonders problematisch ist. Darüber hinaus bereitet der persönliche Kontakt mit den Kollegen und Kolleginnen den Beschäftigten schlicht Freude, sodass sie nicht für Homeoffice darauf verzichten möchten. Trotzdem wird die Homeoffice-Option gelegentlich genutzt, wenn zum Beispiel Handwerker oder Handwerkerinnen kommen müssen. Doch wird eingewendet, dass die Produktivität in solchen Situationen sehr gering ist. Ähnliche limitierende Aspekte zeichnen sich auch im Hinblick auf die Meetings ab, deren Besuch in einem der beiden Unternehmen stets freiwillig ist und man jeder Zeit gehen könnte. Jedoch hat ein Gehen oder Fehlen bei diesen Veranstaltungen negative Konsequenzen, die es selbstverständlich zu berücksichtigen gilt. Auch die zeitliche Gestaltung ist nicht so frei, wie auf den ersten Blick scheint. So bemerkt Jill, dass sie arbeiten kann, wann sie möchte, sie aber *„natürlich zu* *normalen Kundenzeiten erreichbar sein sollte.*" (Interview 4, S. 42, 2085), da sie im direkten Kundenkontakt steht.

Formal mögen die Beschäftigten großzügige Spielräume bei der Gestaltung ihrer Arbeit haben, doch im Arbeitsalltag werden diese deutlich von Sachzwängen und Selbstbeschränkungen verkleinert, die von der Produktivität, Kundenorientierung, ja letztlich dem beruflichen Erfolg, ausgehen.

5.1.5 Zusammen oder lieber getrennt? Entgrenzung vs. Separationsversuche

Ein wichtiges Spannungsfeld, das latent mit vielen anderen Spannungsfeldern zusammenhängt, bewegt sich zwischen Integrationstendenzen und dem Streben nach Separation von Arbeits- und Lebenswelt. Hinsichtlich des Verschwimmens der Grenzen beider Sphären schildern die Beschäftigten Situationen von Wochenendarbeit, Arbeit bis in die späten Abendstunden aufgrund von internationalen Meetings mit Zeitverschiebung sowie Arbeit von zu Hause oder im Zug. Ferner wird auch von privaten Erledigungen bei der Arbeit, etwa der eigenen Urlaubsorganisation sowie der Nutzung von Sportangeboten, berichtet. Viele der Gesprächspartner und Gesprächspartnerinnen empfinden die Integration von Arbeits- und Privatleben als Bereicherung und förderlich für ihr Wohlbefinden. Ins Auge fällt ferner eine Aussage von Mika auf die Frage hin, inwieweit im Privatleben auch noch etwas für die Arbeit getan wird.

> **Mika:** *„Och fließend. Völlig fließend. Ich versuche es einzuschränken, dass wenn ich von der Arbeit gehe - so um 18 Uhr 19 Uhr gehe ich von der Arbeit- dann versuche ich natürlich mein Handy abzuschalten. Das heißt nicht, dass das immer funktioniert. Andersrum (..) kann natürlich auch sein, dass, wenn ich irgendwie eine Deadline habe, die ich erledigen muss, dass ich dann von zu Hause mal schnell was machen muss. Also das ist völlig flexibel und das ist auch akzeptiert. Das heißt, ich kann eigentlich arbeiten wo und wann ich will. Was halt zu positiven wie negativen Effekten führt. Positiv: Ich kann arbeiten, wo ich möchte. Negativ: Ich arbeite auch, wo ich möchte. Das heißt, ich arbeite auf der Couch und dann so "Ja, diese Email muss ich noch machen." Dann mache ich dann halt noch die Mail. Was dann dazu führt, dass manchmal auch gar nicht richtig abschalten kann, so wie ich es gerne hätte. (...) Das geht dann eigentlich weg von dem Begriff Work-Life-Balance, sondern eher zu "fließender Mischmasch". "*
> **I:** *„Okay. Dieses Verschwimmen der Grenze von Arbeit und Leben. Wie würdest du das bewerten für dich persönlich? "*
> **Mika**: *„Das ist die Zukunft. Ich glaube, dass würde ich gar nicht bewerten wollen. Das ist entweder man geht den Schritt mit oder man lässt es sein. Und wenn man es sein lässt, dann wird man als Company oder als Individuum in der Gesellschaft nicht erfolgreich sein. " (Interview 3, S. 29, 1395-1416)*

In diesem Abschnitt ist eine deutliche Entgrenzung von Arbeit und Privatleben zu erkennen, die zu einem einzigen fließenden Gebilde werden. Dies wird ambivalent betrachtet, weil man zum einen von Flexibilitätsgewinnen profitieren kann, zum anderen aber Schwierigkeiten beim Abschalten und Erholen entwickelt. Dabei sieht Mika die Bereitschaft zu einer integrativen Gestaltung von Arbeit und Privatleben als erfolgskritischen Faktor für Mensch und Unternehmen. Ein anderer Mitarbeiter weist eine hiervon abweichende Haltung auf und spricht sich nur im Ausnahmefall für die Arbeit zu unüblichen Zeiten aus. Dies geschieht beispielsweise, wenn er nachts wegen seines kleinen Sohnes nicht mehr schlafen kann. Dann schreibt er einen entsprechenden Vermerk in die Emails, da ein solcher Arbeitseinsatz ansonsten kritisch betrachtet werden würde. Generell äußern dieselben Beschäftigten, die das Verschwimmen der Grenzen zunächst als Bereicherung bezeichnen, in anderen Gesprächsteilen den deutlichen Wunsch, Privates und Berufliches zu trennen. Viele berichten davon, dass sie ihren Laptop im Büro lassen, ein spezielles Arbeits-Smartphone haben und zu Hause absichtlich kein Arbeitszimmer eingerichtet haben, um die Arbeit nicht ständig vor Augen zu haben. Der gleiche Aspekt spielt eine Rolle, wenn die Beschäftigten davon berichten, dass sie nach ihrem bis zu 11 Stunden langen Arbeitstag etwas Anderes sehen wollen und sich extern mit Freunden treffen oder privat ihrem Sport nachgehen. Leitend ist dabei das Bedürfnis nach Erholung, das sich für die Beschäftigten leichter durch einen Abstand zu der Arbeit realisieren lässt. Daher verzichten sie für einen Ausgleich lieber auf die Anwesenheit ihrer Kollegen und Kolleginnen sowie die betrieblichen Freizeitangebote, um Abwechslung zu erreichen, die sich förderlich auf ihre Erholung auswirkt. Hinsichtlich der Separationswünsche ist darüber hinaus noch die ablehnende Haltung gegenüber dem hoch integrativen Konzept des campusinternen Wohnens festzuhalten, welches in Silicon Valley zunehmend Verbreitung findet. Ein Mitarbeiter bemerkt schlicht: *„Die armen Arbeitnehmer."* (Interview 3, S. 34, 1742), wodurch implizit deutlich wird, dass das campusinterne Wohnen aus seiner Sicht mit gewichtigen Nachteilen für die Beschäftigten verbunden ist. Ein anderer Mitarbeiter stellt fest, dass es aufgrund der Campusstruktur durchaus möglich wäre, mehrere Tage auf dem Campus zu verbringen. Gleichzeitig betont er, dass er jedem davon abraten würde, da dies seiner Meinung nach zu einer sehr nachteiligen Verarmung des Privatlebens führt.

5.1.6 Vereinnahmung vs. persönliche Freiheit

Einen Extremfall der Integration von Arbeit und Leben stellt das Szenario der Vereinnahmung durch die Arbeit dar. Auch wenn die interviewten Beschäftigten überwiegend von einem ausgefüllten Privatleben berichten, nehmen sie eine Spannung zwischen der Arbeit und dem Privatleben wahr, die sich darin äußert, dass das eine das andere ausschließt. So geht für die Beschäftigten, die eher an einer Segmentation beider Bereiche interessiert sind, ein Mehr an Arbeit automatisch mit Abstrichen im Privatleben einher. Die Beschäftigten machen sich dabei selbst dafür verantwortlich, beide konfliktären Bereiche im Gleichgewicht zu behalten und stehen angesichts langer Arbeitstage und damit einhergehender Erschöpfungszustände vor der

Herausforderung, ihren privaten Sozialkontakten ausreichend Aufmerksamkeit zukommen zu lassen. In diesem Rahmen betont ein verheirateter Mitarbeiter, dass es für ihn entlastend ist, dass sich seine Ehefrau um solche Belange kümmert und er ohne sie aufgrund von Zeitmangel Schwierigkeiten bei der Pflege sozialer Kontakte hätte.

Eine Vereinnahmung durch die Arbeitssphäre wird kritisch wahrgenommen, da sie die Betroffenen in eine Abhängigkeit stürzen würde, die im Falle einer unfreiwilligen Trennung von dem Arbeitgeber zur persönlichen Krise werden könnte. Wie aus den Gesprächen hervorgeht, gibt es bestimmte Gruppen von Beschäftigten, die von einer Vereinnahmung stärker gefährdet sind als andere. Dies betrifft besonders Beschäftigte, die für die Arbeit in eine neue Stadt gezogen sind und vor Ort kaum über soziale Kontakte verfügen. Gleiches gilt für Singles sowie für Beschäftigte, die einen Partner oder eine Partnerin im gleichen Unternehmen haben. Ferner wird in einem Gespräch erkennbar, dass Personen, die beispielsweise aufgrund von großer Führungsverantwortung ständig erreichbar sein müssen, stärker von vereinnahmenden Tendenzen des Unternehmens betroffen sind. Als schützende Aspekte werden in den Gesprächen das Vorhandensein eines großen sozialen Netzwerkes sowie eine große räumliche Distanz zwischen Wohn- und Arbeitsort genannt, da letztere zu einer reduzierten Aufenthaltsdauer auf dem Campus und einer stärkeren Pflege externer Kontakte führt.

Der Vereinnahmung durch die Arbeit steht die persönliche Unabhängigkeit der Beschäftigten entgegen. So ist es ihnen letztlich selbst überlassen, ob sie die betrieblichen Angebote wahrnehmen und inwieweit sie sich auch privat mit Kollegen und Kolleginnen treffen. Gruppendruck spielt dabei nach Angaben der Beschäftigten keine Rolle, da die Leute selbstbewusst genug sind, um sich davon abzugrenzen und Heterogenität in den Unternehmen wertgeschätzt wird. Darüber hinaus erläutert Jill den Zusammenhang zwischen dem sich schnell verändernden Arbeitsmarkt und der Tendenz der Beschäftigten, sich abzugrenzen:

> **I:** *„Und gibt es da eigentlich auch Kollegen, wo du denken würdest, die sind jetzt schon ein bisschen vereinnahmt vom Unternehmen? Inwieweit ist das hier ein Thema bei euch?"*
> **Jill:** *„(..) Sicherlich eher dann in individuellen Fällen von den Kollegen selber. Aber ich glaube, da kann sich eigentlich jeder sehr gut abgrenzen. Ich glaube, dass ist auch jedem bewusst, dass die Industrie relativ schnelllebig ist und es würde mich wundern, wenn da jemand die Erwartungen hätte, dass man in 40 Jahren dann immer noch hier im Unternehmen ist an derselben Stelle. Und ich glaube die Erwartung hat auch das Unternehmen nicht an seine Mitarbeiter. Da ist eher die Erwartung, dass man mal wechselt. Standort wechselt, Team wechselt, Aufgabe wechselt. Und danach suchen wir denke ich ja die Mitarbeiter auch aus. Da geht es ja viel mehr drum, dass sie zeigen, dass sie flexibel sind und sich auf neue Dinge einstellen können als dass jetzt einer in einem sehr engen Fachbereich sehr viel Wissen mitbringt, weil, wer weiß wie lange das relevant ist."* (Interview 4, S. 46, 2269-2281)

Hier wird angesprochen, dass eine Vereinnahmung durch die Arbeit in gewissem Maße von den Betroffenen selbst erwünscht sein muss. Dies ist etwa durch eine hohe Arbeitsorientierung denkbar. Gleichzeitig steht das Wissen der Beschäftigten, dass die Dauer ihres Beschäftigungsverhältnisses durch die Schnelllebigkeit der Branche ungewiss ist, „aufopfernden" Tendenzen eher entgegen.

5.1.7 Entgrenzungsfolgen – Gewinne versus Nachteile

Die Folgen der Entgrenzung sehen die Gesprächspartner und Gesprächspartnerinnen ambivalent. So stehen dem bereits in Abschnitt 5.1.4 thematisiertem Gewinn an Flexibilität verschiedene negative Effekte gegenüber. Zunächst sollen hier jedoch die positiven Aspekte der Entgrenzung beschrieben werden.

Wie in dem Gespräch mit Kai, der circa 100 Kilometer von seinem Arbeitsplatz entfernt wohnt, deutlich wird, ist es ein Gewinn, dass die zwei Stunden, die er täglich im Zug sitzen muss, auch als Arbeitszeit genutzt werden können. Diese räumliche Entgrenzung kommt dem Beschäftigten entgegen, da ihm durch die flexible Regelung mehr Zeit für seine Familie und sein Sozialleben bleibt und er somit von einer für ihn angenehmeren Work-Life-Balance profitieren kann. Darüber hinaus weisen die Beschäftigten darauf hin, dass es immer mal wieder Situationen gibt, wo sich das Homeoffice anbietet.

> **Luca:** *„Wäre ich jetzt in einer Geschäftsstelle und bin eh die ganze Zeit unterwegs, um dann hier noch mal reinzukommen, um dann hier an einen Freitagabend nach Schönhausen* zu fahren. Ganz ehrlich, das ist dann grenzwertig. Also da sehe ich schon, dass man mal sagt "Okay, den halben Tag da hänge ich im Homeoffice dran. Also will sagen, es gibt natürlich auch Situationen, wo sich so etwas anbietet."* (Interview 2, S. 19, 923-926)

* Der Ortsname ist im Rahmen der Anonymisierung geändert worden.

In diesem Abschnitt wird deutlich, dass das Homeoffice in grenzwertigen Belastungssituationen entschärfend wirkt, indem es den Beschäftigten das stressige Pendeln zum Arbeitsplatz erspart. Dass lange arbeitsbezogene Reisezeiten nicht zwangsläufig negativ sind, geht aus dem Gespräch mit Jill hervor, die ihre Geschäftsreisen für sich zu nutzen weiß, indem sie sie für den Besuch ihrer über Deutschland verteilten Freunde und Freundinnen nutzt.

Die bloße Möglichkeit, Homeoffice machen zu können, löst bei den befragten Beschäftigten ein angenehmes Gefühl der Flexibilität und Sorgenbefreitheit aus, da sie ihnen die Möglichkeit bietet, auf unerwartete Ereignisse im Privaten reagieren zu können, ohne dass dabei ein stressinduzierender Konflikt mit der Arbeit entsteht. Die Betroffenen sprechen in diesem Rahmen von einem „Peace of Mind" (Interview 1, S. 3, 127-131), den das Unternehmen seinen Beschäftigten ermöglicht.

Doch neben diesen positiven Effekten werden in den Gesprächen auch die Schattenseiten der Entgrenzung deutlich. In diesem Rahmen wird am häufigsten auf die Notwendigkeit der Selbstdisziplin sowie den Stress durch die ständige Erreichbarkeit eingegangen. Diese erzeugt dadurch Stress, dass die Beschäftigten nicht mehr gut Abschalten können, da die Arbeitssphäre sie immer wieder einholt. Darüber hinaus geht mit den arbeitsbezogenen Spielräumen indirekt ein Zwang zur Selbststrukturierung einher, der als negativ empfunden wird, wie in der folgenden Gesprächspassage deutlich wird.

> **Mika:** *„Es ist natürlich schwierig, den multiplen Anforderungen gerecht zu werden: Arbeitgeber, Partnerschaft, Privatleben, Familie (..) oder Hobbys, die man noch hat und da gerät man in die Situation, dass man versucht, viele Sachen zu managen. Und es ist nicht schön, wenn man alles managen muss. Es wäre schöner, wenn man auch Zeit hätte, die man nicht verplanen oder managen müsste. Und das ist (...) da ärgere ich mich, dass das manchmal so ist."* (Interview 3, S. 29, 1428-1433)

In diesem Zitat schimmert eine gewisse Müdigkeit von der ubiquitären Maxime nach Selbstmanagement durch. Vielmehr besteht der Wunsch, einen Teil der Zeit frei zu verbringen ohne ökonomische Strukturierung. Die Diskrepanz zwischen diesem Wunsch und der Wirklichkeit löst sich für Mika nicht auf, sondern ruft Unzufriedenheit hervor.

Als negative Folge einer Entgrenzung von Arbeit und Privatleben sind schließlich auch gewisse Spillover-Effekte zu nennen, die in verschiedenen Interviewpassagen zu erkennen sind. So thematisiert Mika den Transfer von arbeitsbezogenen Verhaltensweisen in sein Privatleben:

> **Mika:** *„Ein gutes Beispiel ist jetzt: Man ist die Gewinnerkultur. Vor allem im Vertrieb ist man darauf gedrillt, immer gewinnen zu müssen und irgendwann fängt man dann auch an, im Privatleben immer gewinnen zu müssen. Dann fragt zum Beispiel die Freundin "Sollen wir in das Restaurant gehen?". Dann sage ich: "Nein, ich möchte das ausprobieren." Und man setzt sich dann gemäß der Gewinnerkultur durch. Danach im Restaurant beim Essen denkt man sich dann: "Hätte im anderen Restaurant auch besser geschmeckt. Warum musste ich mich jetzt schon wieder durchsetzen? Ja und das ist (..) eine Sache dazu gehört viel Disziplin, dass man sagt: "Privatleben ist nicht gleich Arbeitsleben. Und da muss man natürlich entsprechend viel Disziplin mitbringen, um das zu trennen. Gleiches zählt für das Personalwesen. Man ist so gewöhnt, Menschen zu bewerten in seinem Beruf, dass man diese Bewertungen, die schon standardmäßig im Kopf vorgenommen wird, im Privatleben außen vorlassen soll. Weil es einfach eine Belastung ist für die Beziehungen."* (Interview 3, S. 32, 1568-1579)

Zum einen wird in dem obigen Zitat die hohe Prägekraft des Arbeitsfeldes auf das Individuum deutlich, welches dadurch ökonomischen Effizienzgedanken folgt und im Privatleben Verhaltensweisen wie übertriebenes Durchsetzungsstreben zeigt. Dieses Verhaltensmuster stellt sich in privaten Beziehungen aber als dysfunktional heraus und führt zu Konflikten. Um das Übertragen der arbeitsbezogenen Verhaltenstendenzen ins Privatleben zu vermeiden, sind wie Mika verdeutlicht, zweifelsohne Selbstreflexion und Selbstdisziplin nötig.

5.1.8 Traumhafte Arbeitgeber? Zufriedenheit versus Kritik

Wie zufrieden sind die Beschäftigten schlussendlich mit der flexiblen Arbeitswelt? Was schätzen sie an ihrem Arbeitgeber? Bei den Antworten auf diese Fragen zeichnet sich ein Spannungsfeld zwischen hoher Arbeitszufriedenheit und kritischen Anmerkungen ab. Dabei hängt das Erfahrungsfeld „Zufriedenheit mit dem Arbeitgeber" eng mit dem Erfahrungsfeld „Was ich an meinem Arbeitsgeber schätze" zusammen.

In den Gesprächen mit den Mitarbeitern und Mitarbeiterinnen wird schnell deutlich, dass diese mit ihrem Arbeitgeber global sehr zufrieden sind. Sie sehen ihre Unternehmen als sehr attraktive und fürsorgliche Arbeitgeber, die sie voll und ganz weiterempfehlen würden. Dabei wird teils auf Studien eingegangen, welche die Arbeitgeberattraktivität des Unternehmens herausstellen.

Es werden viele Aspekte genannt, die die Beschäftigten an ihrem Arbeitsplatz schätzen, beispielsweise die interessanten und erfüllenden Aufgabeninhalte. Auch die Entwicklungsmöglichkeiten im Unternehmen spielen für die Beschäftigten eine wichtige Rolle. Einige von ihnen schätzen darüber hinaus die beeindruckende Architektur des Campus, die sie ebenso mit Stolz erfüllt wie der Erfolg ihres Unternehmens. Für eine Gesprächspartnerin ist Stolz hingegen kein wichtiger Aspekt, da sie das Unternehmen ja nicht selber gegründet hat.

Die betrieblichen Angebote werden ebenfalls wertgeschätzt. Doch deutlich wichtiger scheint die hohe Selbstbestimmung zu sein. Alle interviewten Beschäftigten äußern sich ausdrücklich positiv über die arbeitsbezogene Flexibilität. Kritische, mit der Flexibilität zusammenhängende Aspekte werden hingegen eher indirekt durch Aussagen wie diese deutlich.

> **Jill:** *„Ich glaube es liegt nicht jedem, dass sich so viel so schnell, so oft verändert. Das ist was, das ist denke ich auch der Branche geschuldet. Zum Teil auch dem Unternehmen, aber eben auch der Branche generell und der Tatsache, dass wenn eben ein Unternehmen innovativ sein will, dann müssen sich auch einfach schnell Dinge ändern können. Das heißt dann natürlich auch in dem Sinne, dass man wenig Sicherheit hat. Das man sagt "So ich bin jetzt hier acht Jahre beim Unternehmen. Jetzt habe ich meine Routine. Jetzt weiß ich, dass ich richtig gut bin im Job. Sondern man ist eigentlich auch nach acht Jahren ständig wieder Anfänger in seinem Job und ich denke das muss einem liegen oder man muss irgendwie lernen, damit umzugehen, und es schätzen lernen als etwas Positives, denn ansonsten wird man hier auch nicht langfristig glücklich werden."*
> *(Interview 4, S. 40, 1986-1995)*

In diesem Gesprächsausschnitt wird der ständige Veränderungsdruck angesprochen, der ein Gefühl der Unsicherheit auslösen kann und darüber hinaus Kompetenzerfahrungen am Arbeitsplatz erschwert, indem man sich ständig neu einarbeiten muss. Gleichzeitig wird versucht, diese Anforderung als Chance wahrzunehmen. Die mit dem stetigen Wandel einhergehenden negativen Effekte werden dadurch relativiert, dass man das Gegenteil davon – nämlich die ständige Routine – ebenso wenig aushalten könnte. An diesem Punkt wird gut sichtbar, dass es einen Einfluss hat, wie die Anforderungen der flexiblen Arbeitswelt gesehen werden und dass den inneren Bewertungsprozessen bei der Bewältigung des Flexibilisierungsgeschehens eine wichtige Rolle zu kommt.

Ein weiterer Kritikpunkt zeigt sich in dem Einwand eines Mitarbeiters, der feststellt, dass der schöne Schein trügt, weil andere Unternehmen hinsichtlich der Personalpolitik und Arbeitsgestaltung noch besser sind. Darüber hinaus wird der amerikanische Einfluss auf die Kultur beider Unternehmen als „gewöhnungsbedürftig" beschrieben. Ursächlich hierfür sind weniger die sprachlichen Gesichtspunkte, sondern viel mehr eine hohe Zahlenorientierung und ehrgeizige Ziele.

Dass die Zufriedenheit mit den Arbeitgebern trotz einiger kritischer Aspekte so hoch ist, mag in dem ausgezeichneten sozialen Klima begründet sein und den tollen Kollegen und Kolleginnen, die alle interviewten Beschäftigten gleichermaßen schätzen. Auf die Frage hin, was ihnen bei einem Abschied von dem Unternehmen am meisten fehlen würde, werden stets die Mitarbeiter und Mitarbeiterinnen beziehungsweise der starke Teamgeist genannt. Für alle interviewten Beschäftigten sind die Kollegen und Kolleginnen sowie das soziale Klima sehr wichtige Punkte, die sie im Unternehmen halten, da diese menschliche Komponente im Vergleich zu finanziellen Aspekten und den betrieblichen WLB-Angeboten am wenigsten zu ersetzen ist.

5.2 Komplexes Gefüge – Die Zusammenhänge der Spannungsfelder

An dieser Stelle sollen die Zusammenhänge zwischen den unterschiedlichen Spannungsfeldern geschildert werden, um das hier betrachtete Entgrenzungserleben in seiner Komplexität darzustellen. Die Abbildung 5 veranschaulicht die Zusammenhänge grafisch. Aufgrund der zahlreichen Wechselwirkungen unter den einzelnen Erfahrungsdimensionen ist die folgende Erläuterung nicht erschöpfend.

Als Ausgangspunkt für die Betrachtung kann die Unternehmenskultur herangezogen werden, die über die Arbeitgeberattraktivität sowie die aufwändige Personalauswahl das Verhältnis zwischen Unternehmen und Außenwelt beeinflusst. Mit den betrieblichen WLB-Angeboten und den flexiblen Regelungen der Arbeitsgestaltung bildet sie darüber hinaus den Rahmen für die individuelle Gestaltung des Verhältnisses von Arbeit und Privatleben und fördert dabei die Integration beider Bereiche. Diese Tendenz kann jedoch auf ein Separationsbestreben der Beschäftigten stoßen, wodurch sich ein Miss-Match ergibt und die vorhandenen Angebote nicht wahrgenommen werden. Das Streben nach Separation ist vielmehr mit der Nutzung privater Freizeitoptionen verbunden und daher stärker mit einer Abgrenzung vom Unternehmen und der persönlichen Unabhängigkeit assoziiert. Auch dieser Aspekt wird von der Arbeitskultur durch die Akzeptanz von Heterogenität und die Selbstbestimmung bei der Angebotsnutzung beeinflusst.

Im Gegensatz dazu kommt es bei Beschäftigten mit Integrationsstreben zur intensiven Nutzung der betrieblichen Optionen, was unter bestimmten Bedingungen zu einer stark arbeitsorientierten Lebensgestaltung oder gar einer Vereinnahmung durch die Arbeit führen kann. Dabei hängt die Tendenz zur Integration von Arbeit und Privatleben eng mit den Entgrenzungsfolgen zusammen, die sich daraus ergeben. Die Entgrenzungsfolgen resultieren zum einen aus den Freiräumen bei der Arbeit, die zu Flexibilitätsgewinnen und positiven Empfindungen führen und zum anderen aus den impliziten Begrenzungen der Freiheiten und den damit einhergehenden Anforderungen an das Selbstmanagement, welche überwiegend als belastend empfunden werden.

In Anbetracht der zahlreichen entlastenden Funktionen, die die kostenlosen WLB-Angebote für die Beschäftigten haben, kann es leicht dazu kommen, dass sogar Beschäftigte mit Segmentationswunsch zur Nutzung der Angebote verführt werden und Gefallen daran finden. Ferner wirkt auch die Unternehmenskultur gewissermaßen integrationsfördernd, da sie durch den starken Teamgeist das „Leben in der Arbeit" fördert. Die Grafik veranschaulicht, dass deutliche Tendenzen in Richtung Integration von Arbeit und Privatleben vorhanden sind, welche mit positiv erlebten Flexibilitätsgewinnen und eher negativen, stressinduzierenden Aspekten zusammenhängen. Dieser subtile „Integrationsdruck" kann ferner problematisch sein, da er in „unbeabsichtigter" Mehrarbeit münden kann, wodurch die Arbeitssphäre an Dominanz gewinnt. Das Erleben der negativen Entgrenzungsfolgen beeinflusst schließlich das zukünftige Separationsbestreben der Beschäftigten, da der wahrgenommene Stress den Wunsch nach intensiver Erholung auslöst, dem die Beschäftigten durch eine Trennung von Arbeit und Privatleben nachgehen möchten.

Schon das bloße Vorhandensein der Angebote und flexiblen Möglichkeiten sorgt dafür, dass die Beschäftigten ihren Arbeitgeber als sehr fürsorglich und mitarbeiterfreundlich wahrnehmen, was mit einer stärkeren Mitarbeiterbindung einhergeht. Neben dem hohen Maß an Selbstbestimmung ist insbesondere das positive Klima unter den Kollegen und Kolleginnen für die Bindung an das Unternehmen von großer Bedeutung. Doch die Flexibilisierung der Arbeit führt bei den Beschäftigten aufgrund des hohen Veränderungsdrucks zum Teil auch zur Unzufriedenheit. Die insgesamt hohe Zufriedenheit der Beschäftigten mit ihrem Arbeitgeber wird im Austausch mit der Außenwelt weitergetragen, sodass die Attraktivität des Unternehmens für zukünftige Bewerber steigt.

Es sei abschließend erneut auf die hohe Ambivalenz hinsichtlich der Entgrenzung der Arbeit hingewiesen, die eine Erklärung dafür sein könnte, dass die Beschäftigten gewissermaßen zwischen Integrations- und Separationswunsch zu oszillieren scheinen.

Abbildung 5   Zusammenhänge zwischen den Spannungsfeldern

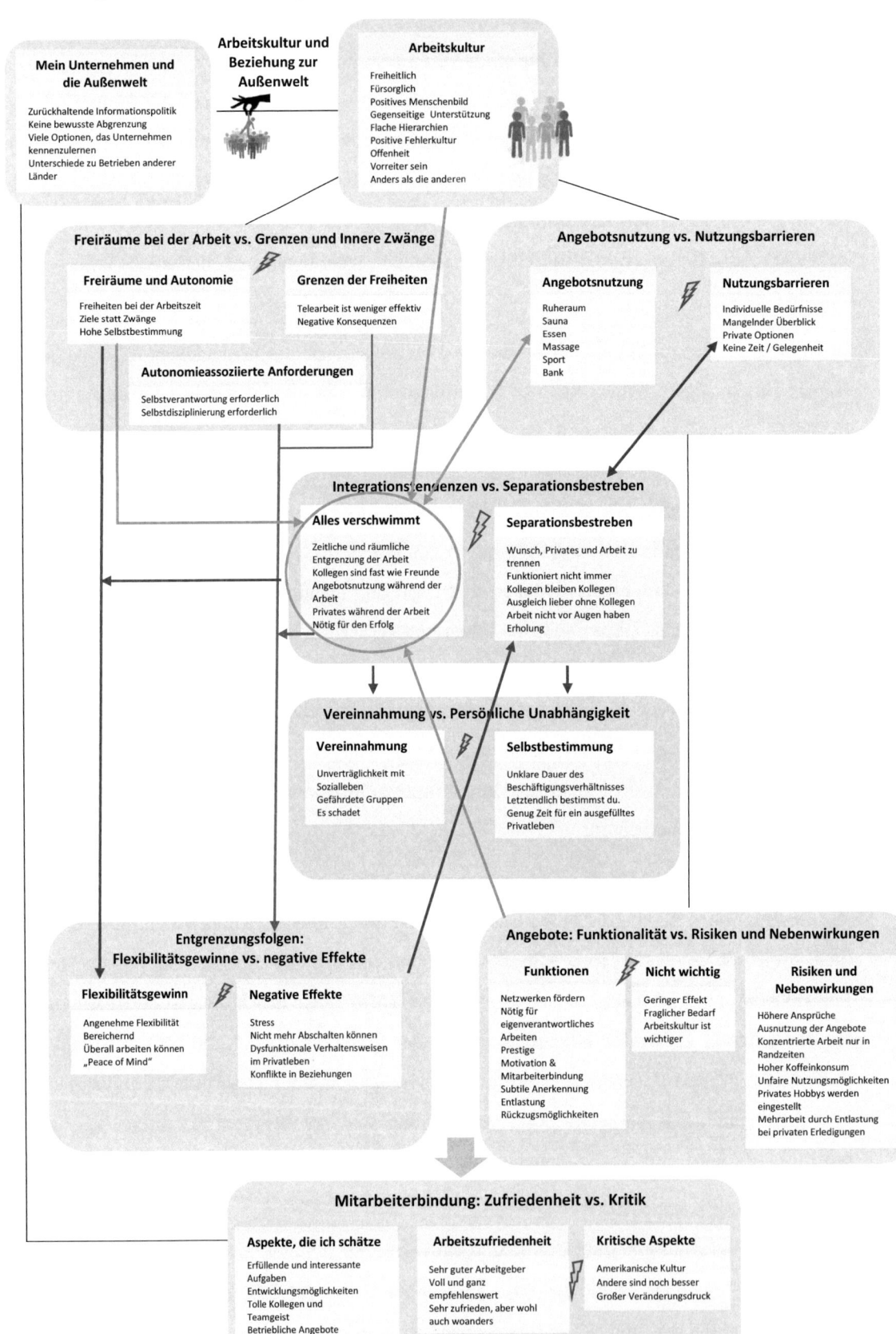

Mein Unternehmen und die Außenwelt

Zurückhaltende Informationspolitik
Keine bewusste Abgrenzung
Viele Optionen, das Unternehmen kennenzulernen
Unterschiede zu Betrieben anderer Länder

Arbeitskultur und Beziehung zur Außenwelt

Arbeitskultur

Freiheitlich
Fürsorglich
Positives Menschenbild
Gegenseitige Unterstützung
Flache Hierarchien
Positive Fehlerkultur
Offenheit
Vorreiter sein
Anders als die anderen

Freiräume bei der Arbeit vs. Grenzen und Innere Zwänge

Freiräume und Autonomie

Freiheiten bei der Arbeitszeit
Ziele statt Zwänge
Hohe Selbstbestimmung

Grenzen der Freiheiten

Telearbeit ist weniger effektiv
Negative Konsequenzen

Autonomieassoziierte Anforderungen

Selbstverantwortung erforderlich
Selbstdisziplinierung erforderlich

Angebotsnutzung vs. Nutzungsbarrieren

Angebotsnutzung

Ruheraum
Sauna
Essen
Massage
Sport
Bank

Nutzungsbarrieren

Individuelle Bedürfnisse
Mangelnder Überblick
Private Optionen
Keine Zeit / Gelegenheit

Integrationstendenzen vs. Separationsbestreben

Alles verschwimmt

Zeitliche und räumliche Entgrenzung der Arbeit
Kollegen sind fast wie Freunde
Angebotsnutzung während der Arbeit
Privates während der Arbeit
Nötig für den Erfolg

Separationsbestreben

Wunsch, Privates und Arbeit zu trennen
Funktioniert nicht immer
Kollegen bleiben Kollegen
Ausgleich lieber ohne Kollegen
Arbeit nicht vor Augen haben
Erholung

Vereinnahmung vs. Persönliche Unabhängigkeit

Vereinnahmung

Unverträglichkeit mit Sozialleben
Gefährdete Gruppen
Es schadet

Selbstbestimmung

Unklare Dauer des Beschäftigungsverhältnisses
Letztendlich bestimmst du.
Genug Zeit für ein ausgefülltes Privatleben

Entgrenzungsfolgen: Flexibilitätsgewinne vs. negative Effekte

Flexibilitätsgewinn

Angenehme Flexibilität
Bereichernd
Überall arbeiten können
„Peace of Mind"

Negative Effekte

Stress
Nicht mehr Abschalten können
Dysfunktionale Verhaltensweisen im Privatleben
Konflikte in Beziehungen

Angebote: Funktionalität vs. Risiken und Nebenwirkungen

Funktionen

Netzwerken fördern
Nötig für eigenverantwortliches Arbeiten
Prestige
Motivation & Mitarbeiterbindung
Subtile Anerkennung
Entlastung
Rückzugsmöglichkeiten

Nicht wichtig

Geringer Effekt
Fraglicher Bedarf
Arbeitskultur ist wichtiger

Risiken und Nebenwirkungen

Höhere Ansprüche
Ausnutzung der Angebote
Konzentrierte Arbeit nur in Randzeiten
Hoher Koffeinkonsum
Unfaire Nutzungsmöglichkeiten
Privates Hobbys werden eingestellt
Mehrarbeit durch Entlastung bei privaten Erledigungen

Mitarbeiterbindung: Zufriedenheit vs. Kritik

Aspekte, die ich schätze

Erfüllende und interessante Aufgaben
Entwicklungsmöglichkeiten
Tolle Kollegen und Teamgeist
Betriebliche Angebote
Hohe Selbstbestimmung

Arbeitszufriedenheit

Sehr guter Arbeitgeber
Voll und ganz empfehlenswert
Sehr zufrieden, aber wohl auch woanders

Kritische Aspekte

Amerikanische Kultur
Andere sind noch besser
Großer Veränderungsdruck

6. Diskussion

6.1 Totalinkludierende Tendenzen bei Google und Co.

Bei einem Vergleich der Interviewergebnisse mit Goffmans Konzept der totalen Institution (1973) zeigt sich, dass deutliche Unterschiede zu den modernen Arbeitsparadiesen vorliegen. Beispielsweise hinsichtlich des Ausmaßes an Transparenz und dem Fehlen strenger, formal fixierter Hierarchien. Zwar zeigt sich in den Gesprächen mit den Beschäftigten, dass die Hierarchien in der Realität nicht ganz so unbedeutend sind, wie es formal erscheint. Dennoch ist diese Situation weit entfernt von der Trennung der unterschiedlichen Ebenen in der totalen Institution, weil allein die „Duz"-Kultur schon zu einer Distanzreduzierung beiträgt. Darüber hinaus steht das hohe Ausmaß an Selbstbestimmung bei der Arbeitserledigung in einem eklatanten Gegensatz zu den streng kontrollierten, kleinschrittigen Vorschriften in der totalen Institution. Gleiches gilt für den Raum für Individualität, der sich in den betrachteten Unternehmen in frei wählbarer Kleidung, der Gestaltung des eigenen Schreibtisches, ja sogar dem erlaubten Mitführen von Hunden zeigt, und dem „Untergehen" des Individuums in einer totalen Institution diametral entgegensteht. Ebenso bietet das moderne Arbeitsparadies anders als die totale Institution seinen Beschäftigten private Rückzugsmöglichkeiten beispielsweise in Form von Ruheräumen, Meditationsräumen sowie abgelegenen Sofaecken.

Eine Ähnlichkeit bleibt jedoch das Zusammenfallen von Lebensbereichen, die üblicherweise getrennt sind. Während in der totalen Institution allerdings alle drei Bereiche „Arbeit", „Schlaf" und „Freizeit" zusammenfallen, betrifft dies in den untersuchten Unternehmen eher die Bereiche „Arbeit", „Freizeit" und „Regeneration", da campusinterne Wohnangebote hier weder vorhanden noch von den Beschäftigten oder dem Unternehmen gewünscht werden. Außerdem ist zu betonen, dass die Nutzung dieser zusätzlichen Angebote den Beschäftigten freisteht.

Hinsichtlich des von Goffman thematisierten Diskulturationsprozesses, welcher die Insassen der totalen Institution durch Prägung ihrer Werte und Normen ja letztlich ihres ganzen Denkens von der Außenwelt trennt, ist zumindest bei einem Gesprächspartner ein konfliktbringender Einzug des ökonomischen Denkens in den Privatbereich zu identifizieren. Eine tiefere Betrachtung dieses Aspektes ist mit der hier verwendeten Methodik allerdings kaum möglich wie in Abschnitt 7.2 genauer erläutert wird.

Abschließend sei darauf hingewiesen, dass die Strukturen der klassischen totalen Institution arbeitspsychologisch betrachtet höchst ungünstige Effekte mit sich bringen dürften. So würde es nach der SDT (Deci & Ryan, 2000) und dem JDR-Modell (Bakker & Demerouti, 2007) aufgrund von fehlender Autonomie wahrscheinlich zu massiven Motivationsverlusten, hoher

49

Fluktuation und zu einem Einbruch des Arbeitseinsatzes kommen. Ferner würde das Zusammenfallen von Wohn- und Arbeitsstätte erholungspsychologisch betrachtet die Arbeitsleistung reduzieren, da die Beschäftigten nicht mehr richtig abschalten könnten. Zusätzlich würden die strenge Sanktionierung von Fehlern, die Vermeidung von Kontakten zur Außenwelt und die Unterdrückung der individuellen Identität das Hervorbringen von Innovationen beeinträchtigen. All dies sind Faktoren, die sich ihrerseits negativ auf die Wettbewerbsfähigkeit eines Unternehmens auswirken und erklären, warum Merkmale totaler Institutionen in der freien Wirtschaft nicht anzutreffen sind. Anders stehen die Dinge im staatlichen Sektor eines kollektiv geprägten Landes wie in der Untersuchung chinesischer Staats-Unternehmen im Hinblick auf Merkmale totaler Institutionen deutlich wird (Shenkar, 1996).

6.2 Angebotsnutzung – Ganz freiwillig?

Anders als Stabile (2008) es in ihrem Artikel vermutet, scheint Gruppendruck hinsichtlich der Angebotsnutzung in den hier untersuchten Unternehmen nur eine untergeordnete Rolle zu spielen. Es ist eher so, dass die heterogenen Interessen und Eigenschaften von Kollegen und Kolleginnen positiv gesehen und akzeptiert werden. Ferner verfügen die meisten Beschäftigten dort über ein hohes Selbstbewusstsein, was nach Experteninformation sogar ein wichtiges Kriterium bei der Personalauswahl darstellt. Insgesamt wirkt es so, als ob sich die Beschäftigten im New Business tendenziell von solchen gruppendynamischen Konformitätstendenzen abgrenzen können.

Vielmehr wird in den Gesprächen die große Bedeutung der Individualität deutlich, da die angebotsbezogenen Präferenzen der Beschäftigten sehr heterogen sind. Dies kann vor dem Hintergrund ihrer individuellen Segmentations- beziehungsweise Integrationswünsche (Nippert-Eng, 2008) betrachtet werden. Dabei ist zu betonen, dass sich die Gesprächspartner und die Gesprächspartnerinnen nicht direkt den Idealtypen der Segmentoren und Integratoren zuordnen lassen, sondern dass Mischtypen erkennbar sind. So nutzen einige zwar die betrieblichen WLB-Angebote, erledigen ihre Arbeit aber ausschließlich auf dem Campus. Im Gegensatz dazu meiden andere Beschäftigte die betrieblichen Angebote, erledigen die Arbeit aber durchaus auch von zu Hause. Beschäftigte, die Privates und die Arbeit lieber trennen, haben dabei die Tendenz, die betrieblichen WLB-Angebote auf das Essen zu beschränken und betriebliche Wellness- und Ruheoptionen sowie Sportangebote nicht zu nutzen. Bei diesen Beschäftigten rufen insbesondere die Betriebssauna und der Ruheraum ablehnende Reaktionen hervor, da sie ihrem Bedürfnis, die Sphären zu trennen, durch den Einzug von Nacktheit und intensiver Entspannung in die klassischerweise auf Aktivität, Professionalität und Leistung ausgerichtete

Arbeitswelt widerstreben. Eine solche Diskrepanz zwischen den eigenen Vorlieben und den betrieblichen Angeboten, die als deutliches Signal in Richtung Integration von Arbeit und Privatleben aufzufassen sind, würde nach Rothbard und Kollegen (2005) mit einer geringeren Zufriedenheit und Bindung an das Unternehmen einhergehen. Dieser Zusammenhang deutet sich in dieser Studie nicht an, da sämtliche Gesprächspartner und Gesprächspartnerinnen die Fürsorglichkeit ihres Unternehmens loben (näheres dazu in Kapitel 6.5) und bei kritischen Nachfragen von meiner Seite oft den Aspekt der Freiwilligkeit betonen.

Ein eindrucksvolles Beispiel dafür, dass die Nutzung der Angebote aber nicht allein von den Nutzungsabsichten der Beschäftigten abhängt, stellt der teils exzessive Kaffeekonsum dar. Neben der kollektiven Leistungssteigerung, die mit dem Konsum von bis zu 10 Tassen Kaffee pro Tag einhergeht, birgt die Kaffee-Kultur viele Gelegenheiten für netzwerkdienliches Socializing. Dabei beeinflusst das kostenlose, überall verfügbare Angebot die Nachfrage bis zu einem Punkt, an dem die Betroffenen den Kaffeekonsum als schädigend wahrnehmen. Hierbei wird der subtile Einfluss bloßer Strukturen auf das tatsächliche Nutzungsverhalten der Beschäftigten deutlich. Es ist denkbar, dass ähnliches für die anderen WLB-Angebote wie etwa die betrieblichen Fitnessstudios gilt und ihr bloßes Vorhandensein, ihre Nutzung und damit die Integration von Arbeit und Freizeit fördert. Vor diesem Hintergrund erscheint die Aussage, dass die Nutzung der betrieblichen Angebote freiwillig ist und vom Individuum ausgehe, durchaus problematisch. Vielmehr scheinen die Beschäftigten durch die äußeren Rahmenbedingungen beeinflusst zu werden.

6.3 Die Lust und Last der Entgrenzung

In den Gesprächen mit den Beschäftigten wird deutlich, dass das Arbeitskraftunternehmertum (Voß, Pongratz, 1998) den Einzug in die Arbeitsparadiese gefunden hat. Obwohl die interviewten Beschäftigten über unbefristete Verträge angestellt sind, sind sie doch in gewisser Weise selbstständig. So spielen die von Gottschall und Voß (2003,15) thematisierte Selbstverantwortung, Selbstdisziplin sowie Selbstorganisation auch in Arbeitsparadiesen eine wichtige Rolle. Ähnlich wie bei Kratzer (2003) stehen der formalen Möglichkeit zur Selbstorganisation implizite Zwänge gegenüber, die den Spielraum der Beschäftigten reduzieren. In Einklang mit seinen Erkenntnissen und denen von Gottschall und Voß (2003) bringt die Entgrenzung der Arbeit in den hier betrachteten Arbeitsparadiesen viele Vorteile mit sich. So gewinnen die Arbeitnehmer und Arbeitnehmerinnen neue Lern- und Entwicklungschancen und können ihr Autonomiebedürfnis durch große Handlungsspielräume befriedigen. Außerdem profitieren sie von mehr Wahlmöglichkeiten und Optionen, die ihnen die Vereinbarkeit von Beruf und Privatleben erleichtern. Aber es scheint so zu sein, dass mit der Inanspruchnahme flexibler Arbeitsangebote auch die Tendenz einhergeht, sich außerhalb der klassischen Arbeitszeiten nach dem aktuellen Arbeitsbedarf richten. Die positiven Effekte gehen zumindest für einen der interviewten Beschäftigten Hand in Hand mit den Vorteilen für das Unternehmen. So kann der Mitarbeiter aufgrund entgrenzter Arbeitsoptionen früher bei seiner Familie sein, ist dafür aber auch bereit, bis spät in die Nacht zu arbeiten. Durch seinen Kommentar dazu „Anders geht es nicht." (Interview 1, S.3, 110) wird deutlich, dass er als Vater, Ehemann und Arbeitsnehmer verschiedenen Anforderungen gerecht werden möchte und die Flexibilität, die sein Arbeitgeber ihm bietet, erforderlich ist, um diese Anforderungen erfüllen zu können.

Doch es zeichnet sich in den Arbeitsparadiesen auch die andere Seite der Entgrenzung ab. So zwingt die hohe Selbstverantwortung und das damit einhergehende Fehlen traditioneller Orientierungsrahmen durch Vorgesetzte die Beschäftigten dazu, sich zum Erhalt der eigenen Handlungsfähigkeit bei der Arbeit selbst Grenzen setzten zu müssen, was ihnen viel Selbstdisziplin abverlangt. Dabei stehen sie vor dem Konflikt, einerseits ihre individuelle Belastungsgrenze nicht zu überschreiten, andererseits genug zu arbeiten, um die meist anspruchsvollen Quartalsziele zu erreichen. Psychologisch betrachtet, kann dieser ständige Balanceakt bei den Beschäftigten zu einem dauerhaften Spannungszustand führen, dem sie nicht entfliehen können, da sie die scheinbar stark internalisierte Tendenz zur Selbstverantwortung und Selbstkontrolle - anders als den Chef oder die Chefin - nicht im Büro zurücklassen können. Das entgrenzte Arbeitsverhalten kann so mit entsprechenden psychischen Belastungen und Erholungsdefiziten einhergehen. Diese Überlegung lässt sich mit dem häufig geäußerten Wunsch nach intensiver Erholung zu Hause unter Ausschluss jeglicher arbeitsbezogenen Aspekte in Verbindung bringen, welcher dem Entgrenzungsdruck der Arbeit subjektive Grenzen setzt.

Auffällig ist, dass die einzelnen Entgrenzungskomponenten wie etwa die Homeoffice Option durchweg ambivalente Qualitäten haben. So kommt es neben dem Flexibilitätsgewinn und einer besseren Vereinbarkeit mit privaten Aspekten gleichzeitig auch zu Nachteilen für die Beschäftigten, da die „Heimarbeiter" aus dem betrieblichen Sozialzusammenhang herausgelöst sind. Ihnen entgeht dadurch der Zugang zu dem dortigen informellen Informationsfluss und sie können nicht von den positiven Erfahrungen durch den sozialen Kontakt mit ihren Kollegen und Kolleginnen profitieren. Diese Zweiseitigkeit der Entgrenzung findet sich stringent über viele Entgrenzungsaspekte und steht in Einklang zu Kratzers Erkenntnissen (ebd., 2003, 218f.). So führt die Entgrenzung auf sozialer Ebene, die sich dadurch äußert, dass die Beschäftigten nicht nur Kollegen und Kolleginnen sind, sondern oft auch freundschaftlich verbunden sind, zusammen mit der kommunikationsfördernden Arbeitsgestaltung zu häufigen Arbeitsunterbrechungen durch Mitarbeiter und Mitarbeiterinnen. Diese sind arbeitspsychologisch als psychische Belastung einzuordnen, da durch die Störungen eine erneute Einarbeitungsleistung erforderlich wird und der Arbeitsaufwand zur Erledigung einer Aufgabe deutlich ansteigt. Dies kann bei den Betroffenen Überforderungsgefühle, negative Emotionen und auf Dauer Gesundheitsbeeinträchtigungen hervorrufen (Baethge & Rigotti, 2010, 62). Darüber hinaus stehen der hochgeschätzte Austausch und der intensive Zusammenhalt unter den Beschäftigten schlussendlich in einem problematischen Spannungsverhältnis zu privaten Beziehungen.

Die Arbeit motiviert, die Flexibilität wird als bereichernd und notwendig erlebt, doch manchmal kommen die Beschäftigten an ihre Grenzen. Dann ist es positiv, dass die Vorgesetzten in den hier betrachteten Unternehmen ihrer Fürsorgepflicht nachgehen. Diese Fürsorglichkeit des Managements stellt dabei gewissermaßen das Komplement zur omnipräsenten Selbstorganisations- und Selbstverantwortungsmaxime dar. Sie wirkt zwar für sich genommen entgrenzend, da sie den privaten Gesundheitsbereich der Beschäftigten tangiert (Sprenger, 2015, 151, 249), scheint aber vor dem Hintergrund massiv entgrenzter Arbeitsformen für das Wohlbefinden der Beschäftigten durchaus erforderlich zu sein. Insbesondere da durch die hochgesteckten Zielvorgaben, deren Erfüllung die Beschäftigten eigenverantwortlich verfolgen, ein hoher Druck induziert wird. Im Falle des Scheiterns müssen die Beschäftigten letztendlich selbst für den Misserfolg geradestehen. Angesichts der wahrgenommenen Selbstverantwortung kommt es teils zu intrapunitiven Reaktionen, also dazu, dass die Beschäftigten sich selbst Vorwürfe machen, wodurch ihr psychisches Wohlbefinden beeinträchtigt werden kann. Dies deckt sich mit den Ergebnissen von Kratzer (2003), bei dem sich die Beschäftigten selbst dafür verantwortlich machen, wenn sie das hohe Arbeitspensum nicht bewältigen können und die strukturellen Ursachen für die Überlastung sowie Fehler im Management weniger wahrnehmen. Darüber hinaus können sich auch die grenzenlosen Zielvorgaben, die mit einem „Nie bist du gut genug"-Empfinden zusammenhängen, sowie das mit ständigen Veränderungen verbundene reduzierte Kompetenzerleben negativ auf das Wohlbefinden und die Motivation der Beschäftigten auswirken.

Die in dieser Studie deutlich gewordene Fürsorglichkeit des Managements und das Arbeitspensum, welches Raum für informelle Gespräche zwischen den Beschäftigten und die Nutzung der WLB-Angebote lässt, unterscheiden sich signifikant von den Erlebnissen in anderen Betrieben, in denen sich die Beschäftigten „Autonom, aber alleine gelassen fühlen" (Kratzer, 2003, 180) und durch die Entgrenzung ihrer Arbeit immer mehr die Grenzen ihrer eigenen Belastbarkeit erleben müssen.

6.4 Zum Arbeiten verführt? Arbeitsgestaltung und WLB-Angebote im Licht der Arbeitspsychologie

Wie aus Kapitel 5.1.3 hervorgeht, erfüllen die betrieblichen Zusatzangebote viele verschiedene Funktionen. So tragen die zahlreichen und ansprechend gestalteten Kaffeeecken und Küchenzeilen dazu bei, den sozialen Kontakt unter den Beschäftigten zu fördern, was sehr positiv erlebt wird. Diese positive Wirkung lässt sich mit der von Deci und Ryan (2000) postulierten SDT erklären, nach der die Befriedigung des Grundbedürfnisses nach sozialer Eingebundenheit mit einer höheren intrinsischen Motivation und einem Anstieg des Wohlbefindens verbunden ist. Doch dienen die Gespräche auf dem Flur nicht nur zum Plaudern, sondern auch dazu, arbeitsbezogene Dinge anzusprechen. Ein solcher Austausch führt dazu, dass man im Falle eines Anliegens weiß, an wen man sich wenden muss. Folglich stehen die entsprechenden Angebote auch im engen Zusammenhang zur sozialen Unterstützung, die von den Gesprächspartnern und der Gesprächspartnerin lobend erwähnt wird. Nach dem JDR-Modell (Bakker & Demerouti, 2007) wirkt sich diese soziale Unterstützung als Ressource positiv auf Wohlbefinden, Motivation und Arbeitsleistung aus. Neben dem oben beschriebenen motivationalen Prozess ist diese positive Wirkung über die Abdämpfung negativ wirkender arbeitsbezogener Anforderungen zu erklären. So stellt die Unterstützung durch Kollegen und Kolleginnen eine wertvolle Hilfe bei Problemen mit Projekten oder quantitativer Arbeitsüberforderung dar, die ohne solche Ressourcen zu Stress, Erschöpfung und einer Beeinträchtigung des Arbeitsengagements führen würden. Vor diesem Hintergrund kann auch der große Handlungsspielraum der Beschäftigten betrachtet werden, den diese mit einem „Peace of Mind" in Verbindung bringen. Handlungsspielraum und Autonomie – beides Ressourcen im JDR-Modell (ebd.) – erhöhen im Falle von ungünstigen Situationen die Kontrollmöglichkeiten der Beschäftigten. Die zahlreichen Ressourcen in den Arbeitsparadiesen gleichen die hohen Arbeitsanforderungen aus, sodass Wohlbefinden, Motivation und Arbeitsleistung der Beschäftigten auf einem hohen Niveau erhalten bleiben. Davon profitieren nicht nur die Beschäftigten, sondern auch die Unternehmen.

Hinsichtlich der Angebote wird in den Gesprächen häufig der Vorteil der hohen Effizienz genannt, der auf eine ökonomisch geprägte Denkweise hinweist. Die Beschäftigten sparen Zeit und Geld, wenn sie auf betriebliche WLB-Maßnahmen wie die kulinarischen Angebote oder betrieblichen Freizeitoptionen zurückgreifen. Angesichts dieser rationalen Vorteile, die sich für die Beschäftigten ergeben, können diese leicht zur Angebotsnutzung verleitet werden, wodurch sich neben einer Tendenz zur Mehrarbeit für die Unternehmen der Vorteil einer intensiveren internen Beziehungspflege ergibt. Diese führt zu einer stärkeren sozialen Unterstützung zwischen den Beschäftigten, fördert das Vorbringen neuer Ideen und wird darüber hinaus durch den Austausch mit ähnlich denkenden, hochqualifizierten Mitarbeitenden als bereichernd wahrgenommen, was dazu führt, dass man gerne und vielleicht auch etwas länger im Unternehmen ist. Dabei wird deutlich, dass die angebotsbezogenen und arbeitsgestalterischen Vorteile für die Beschäftigten eng mit denen der Unternehmen verzahnt sind, sodass meines Erachtens eine subtile „Verführung" hin zu mehr Arbeit und einem höheren Stellenwert der Arbeitssphäre erkennbar ist. Dabei spielt auch die Norm der Reziprozität eine Rolle wie im folgenden Abschnitt erläutert wird.

6.5 Positive Wechselwirkungen – Mitarbeiterbindung im Arbeitsparadies

Wie bereits in Abschnitt 6.3 beschrieben wurde, spielen die betrieblichen Angebote eine Rolle für die Motivation und Zufriedenheit der Beschäftigten, indem durch sie für alle Belange gesorgt ist. Diese Fürsorglichkeit kann im Rahmen der Norm zur Reziprozität (Goulder, 1960) als Entgegenkommen des Arbeitgebers betrachtet werden, da die Angebote ja primär auf das Wohlbefinden der Beschäftigten ausgerichtet sind. Dieses Entgegenkommen kann dann zu einem Verpflichtungsgefühl gegenüber dem Arbeitgeber führen, dass sich unter anderem in einer Verlängerung der Arbeitszeit, vertrauensvollem Umgang mit den Angeboten und einer Steigerung des Arbeitseinsatzes äußern kann. Bei vielen Beschäftigten scheint diese positive Beziehung aufzugehen.

Die Ausnutzung der Angebote widerspricht diesem ausgeglichenen Geben und Nehmen, sodass mit Empörung reagiert wird. Wenn die eine Seite sich nicht an die implizite Abmachung hält, indem das Vertrauen des Arbeitgebers zu dessen Nachteil ausgenutzt wird, so besteht die Gefahr, dass dieser sein Entgegenkommen, sprich die großzügigen Angebote, als Reaktion darauf zurückzieht. Die Verletzung des Prinzips der Reziprozität ist jedoch eine Seltenheit, vielmehr ist in den Arbeitsparadiesen eine sehr viel positivere Dynamik zu erkennen. So wird durch die freiheitliche und großzügige Arbeitsgestaltung in den hier untersuchten Unternehmen deutlich, dass die Arbeitgeber an die positiven Qualitäten ihrer Beschäftigten glauben wie etwa deren inneren Arbeitswillen, ihr Verantwortungsbewusstsein, ihre Fähigkeit zur Selbstorganisation und ihre Kompetenzen. Dieses positive Menschenbild weist eine hohe Ähnlichkeit zu McGregors Theorie Y auf (McGregor, 1960, 35f.). Dieser geht im Rahmen seiner Theorie von einer positiven, sich verstärkenden Wirkungsweise aus: Das Unternehmen bietet den Beschäftigten ausgehend von einem positiven Menschenbild große Handlungsspielräume an und baut auf deren Selbstkontrolle. Dies wird von den Beschäftigten positiv aufgenommen und ermöglicht ein hohes Arbeitsengagement, das mit Initiative und Verantwortungsbereitschaft einhergeht. Durch diese positiven Reaktionen bei den Beschäftigten sieht sich das

Management in seinen positiven Annahmen bestärkt, sodass es weiterhin auf Freiräume bei der Arbeitsgestaltung setzt. Das gute Verhältnis zwischen Unternehmen und Beschäftigten wird dabei von dem Umstand erleichtert, dass die Ziele von Arbeitgeber und Beschäftigten konkordant sind. So ist Wohlbefinden und eine hohe Arbeitsmotivation für beide Parteien erstrebenswert, für die eine vor dem Hintergrund des subjektiven Wohlbefindens und für die andere unter dem Aspekt der Produktivität.

Der zuvor beschriebene Prozess zeichnet sich den Gesprächen zu Folge auch in den Arbeitsparadiesen ab und wird dort von den Beschäftigten als sehr motivierend und „schön" erlebt. Ferner stellt er einen wichtigen Grund dar, im Unternehmen zu bleiben. Aufgrund der involvierten positiven Emotionen kann daher ein Zusammenhang zwischen den WLB-Angeboten sowie der selbstbestimmten Arbeitsgestaltung und dem affektiven Commitment (Meyer & Allen, 1997) hergestellt werden.

Von den betrieblichen WLB-Angeboten geht neben den bereits beschriebenen praktischen Funktionen eine gewisse Signalwirkung aus. Durch die Investition in die WLB-Angebote wird von Unternehmensseite Fürsorglichkeit und Wertschätzung gezeigt. Die Beschäftigten reagieren auf diese Wertschätzung sehr positiv wie in den Gesprächen deutlich wird, sodass auch hier ein Zusammenhang zwischen den WLB-Angeboten und der affektiven Bindung an das Unternehmen zu erkennen ist. Dabei wird die Signalwirkung der Angebote und die fürsorgliche Kultur von den Beschäftigten viel intensiver thematisiert als die tatsächliche Angebotsnutzung. Dies deckt sich mit dem Studienergebnis von Muse und Kollegen (2008), nach der das Vorhandensein von WLB-Angeboten durch die Wahrnehmung der betrieblichen Unterstützung die Arbeitszufriedenheit sowie das affektive Commitment positiv beeinflusst.

Abschließend sei bemerkt, dass bei einer tiefergehenden Betrachtung der Gesprächsinhalte die häufige Verwendung des Wortes „Job" für das eigene unbefristete Arbeitsverhältnis auffällt. Anders als die Bezeichnung „Beruf" wirkt „Job" deutlich weniger verbindlich. Aussagen, die sich auf die ungewisse Beschäftigungsdauer beziehen, unterstützen diesen Gedanken der „Mitarbeiterbindung auf Zeit" in der flexibilisierten Arbeitswelt, in der sich der psychologische Vertrag zwischen Arbeitnehmenden und Arbeitgeber grundlegend verändert hat. Selbst in den hier untersuchten „Arbeitsparadiesen" bieten die Unternehmen ihren Beschäftigten weniger Sicherheit und Stabilität als früher, wodurch diese weniger dazu bereit sind, sich für die Arbeit aufzuopfern. Die WLB-Angebote könnten hier eine Möglichkeit darstellen, dieser entstandenen „Lücke" im psychologischen Vertrag durch die Erhöhung des affektiven Commitments zu begegnen.

7. Methodenreflexion

7.1 Problemzentrierte Interviews – Herausforderung Kommunikation

Kommunikation ist untrennbar mit der unausweichlichen Vagheit der Sprache (Garfinkel, 1980) verbunden. Dies ist auch in den geführten Gesprächen deutlich geworden. Man redet über das Gleiche und meint etwas ganz Unterschiedliches:

> **Kai:** *Charismatisch? Also das ist ja (..) Also ich habe den Begriff bisher nur im kirchlichen Feld gebraucht. (lachend).*
> **I**: *(lacht)*
> **Kai:** *Von daher würde ich jetzt nicht sagen, dass es da charismatische Personen gibt. (Interview 1, S.7, 297-298)*

> **Jill:** *Und (..) ja. Also ich finde immer mit Stolz. Das ist für mich persönlich so eine Sache. Ich bin eigentlich eher stolz auf Sachen, die ich selber leiste und das Unternehmen habe ich ja nicht selber aufgebaut. (lacht) Also ich würde sagen ich bin froh, hier zu arbeiten, weil ich auch zufrieden bin mit der Firma als Arbeitgeber. Aber Stolz in dem Sinne? Weiß ich nicht. ich wäre jetzt auch nicht stolz bei BMW oder Lufthansa zu arbeiten, weil das ist ja nicht was, wo ich das Unternehmen geschaffen haben. Ich bin froh, dass das geklappt hat. (Interview 4, S.42, 2047-2052)*

Das unterschiedliche Verständnis von „Charisma" beziehungsweise „Stolz" hätte hier in einem quantitativen Fragebogen zu falschen, weil nicht validen Ergebnissen geführt. Ich als Psychologin habe ein besonderes Verständnis von Charisma, das sich nicht mit dem von Angehörigen anderer Fachgebiete deckt. Da Begriffe wie „charismatisch" in Fragebögen oft nicht genauer definiert werden, kann es passieren, dass ein ganz anderer Aspekt von den an der Studie Teilnehmenden betrachtet wird und das Forschungsteam keine valide Information erhält. Das qualitative problemzentrierte Interview bietet demgegenüber den Vorteil, dass solche unterschiedlichen Auffassungen entdeckt und berücksichtigt werden können, was zu einer höheren Güte der Erkenntnisse führt.

Gerade zu Beginn der Gespräche sind häufig Äußerungen wie „Schwer zu sagen…" gefallen, welche auf einen gewissen Antwortdruck hindeuten, da die jeweiligen Informationen im Moment der Frage wenig verfügbar waren und Zeit für die Reflexion erforderlich war. In solchen Momenten habe ich meinem jeweiligen Gegenüber stets versichert, dass er/sie sich gerne Zeit zum Nachdenken nehmen kann und mich auch köpersprachlich als geduldig zugewandt gezeigt. Dennoch ist davon auszugehen, dass der Antwortdruck die Gesprächsergebnisse beeinflusst hat.

Ferner haben Menschen ihre ganz eigenen Kommunikationsstile. Während die überwiegende Mehrheit der interviewten Beschäftigten sehr offen und ausgiebig über ihre Erfahrungen und Sichtweisen zu dem Thema geredet hat, hat ein Gesprächspartner die Tendenz gehabt, sehr knapp zu antworten. Dieses zurückhaltende Antwortverhalten hatte bei mir bedauerlicherweise den Effekt, dass ich ihm hin und wieder mehrere Fragen hintereinander oder solche mit leicht suggestivem Charakter gestellt habe. Als Beispiel kann die folgende Interviewpassage herangezogen werden.

> I: *Und inwieweit würdest du dem zustimmen, dass ihr SOFTALIS*ler eine große Familie untereinander seid?*
> **Mika:** *Das ist würde ich sagen übertrieben. Natürlich arbeiten wir alle eng zusammen und alle verstehen sich auch gut. Als große Familie würde ich als übertrieben ansehen. Ich denke am Ende des Tages ist es dann doch eine nützliche Beziehung, die man eingegangen ist. Das heißt, wenn der andere einen anderen Job hat, wird er wahrscheinlich immer noch Kontakt zu seinen Kollegen halten aber nicht mit den intensiven freundschaftlichen Kontakten.*
> **I:** *Hmm. Und inwieweit würdest du sagen, dass dich die Arbeit von den Leuten außerhalb des Unternehmens getrennt hat? Also jetzt nicht nur was die Zeit angeht, sondern auch, was die Denkweise angeht. Was die Prioritäten angeht.*
> **Mika**: *Hmm, kann man schon sagen. Also ich würde sagen, nicht nur SOFTALIS*, sondern generell ist die Arbeit ein sehr prägendes Umfeld, da man den Großteil seiner Lebenszeit auf der Arbeit verbringt und dementsprechend auch und entsprechend die Werte und Prioritäten, die man hier vermittelt bekommt und prägt einen schon signifikant. Ja.*
> **I:** *Und kannst du mir, da irgendwelche konkreten Beispiele nennen?*
> **Mika**: *Konkretes Beispiel?*
> **I:** *Du kannst auch gerne ein bisschen überlegen.*
> **Mika:** *Hmm.(...) Mhmm. (...) Ich glaube man ist auch im Privatleben effizienter geworden, was die Sachen angeht. Auf der Arbeit ist man wirklich auf effizientes Arbeiten getrimmt und das (.) diese Fähigkeit bringt man auch im Privatleben mit ein. (Interview 3, S. 31, 1528-1564)*
>
> * Der Unternehmensname ist im Rahmen der Anonymisierung geändert worden.

Diese Art der Gesprächsführung lässt sich aufgrund der teils geschlossenen, suggestiven Fragen oder einem ganzen Fragebündel nicht mit dem in Kapitel 4.2 beschriebenen Prinzip der Offenheit (Lamnek, 2005, 32) beim qualitativen Interviewansatz vereinbaren. In dieser Gesprächssituation, in der ich auf fundierte Antworten angewiesen bin und einem zurückhaltenden Gesprächspartner gegenübersitze, hätte ich mit offenen, erzählungsgenerierenden Fragen noch stärker Bezug auf sein eigenes privates Erleben nehmen sollen. Meine Fragen nach konkreten Beispielen sind in diesem Rahmen positiv zu sehen. Geschlossene und somit tendenziell suggestive Fragen sind mir in allen Gesprächen vereinzelt unterlaufen, was im Hinblick auf das Prinzip des Fremdverstehens (Helfferich 2011, S.85 f), bei dem das Bezugsystem des Interviewführenden zurückgestellt werden soll, als problematisch anzusehen ist. Allerdings ist festzuhalten, dass sich die negative Wirkung dieser problematischen Fragen in Grenzen hielt, da bei den meisten Gesprächspartnern und der Gesprächspartnerin ein starkes Bestreben vorhanden war, mir ihr Erleben detailliert zu schildern, sodass sie auch auf geschlossene Fragen ausführlich geantwortet haben und dabei auch neue oder weiter entfernt liegende Aspekte thematisiert haben.

Außerdem bleibt festzuhalten, dass eine solche Interviewsituation trotz des vertrauten Umfeldes für die meisten Beschäftigten wohl ungewohnt ist und die Asymmetrie zwischen den älteren Berufstätigen und mir als junger Forscherin zu einer gewissen Reaktivität geführt haben könnte. Also einem Antwortverhalten, das unter natürlichen Bedingungen nicht entstanden wäre. Doch auch, wenn ich die Gesprächspartner und die Gesprächspartnerin nicht im Alltag kenne, hatte ich in den Gesprächen den Eindruck, dass sich ein ganz natürlicher und alltäglicher Redefluss eingestellt hat, sodass ich die Reaktivität als gering einschätze.

Auch wenn ich mich stark darum bemüht habe, offen und neutral zu sein, habe ich mich gelegentlich zu nicht ganz neutralen Kommentaren wie „Interessant." verleiten lassen und auch das vereinzelte Auftreten von bewertenden Gesichtsausdrücke konnte ich nicht vollständig vermeiden. Dies ist insofern problematisch, da solche Bewertungen dazu führen können, dass sich bei Erzählungen auf Themen konzentriert wird, bei denen eine positive Rückmeldung erwartet wird. Andere Aspekte des Relevanzsystems des Gesprächspartners oder der Gesprächspartnerin könnten hierdurch zurückgestellt werden (Helferich, 2011, 99). Der Umstand, dass man „nicht nicht kommunizieren kann" (Watzlawick, Beavin, & Jackson, 1974, 55-56) hat es mir in den Gesprächen erschwert, dem Prinzip des Fremdverstehens vollkommen gerecht zu werden. Ich möchte dabei auf das Spannungsverhältnis von einer absoluten Zurückhaltung des Forschenden im Sinne des Fremdverstehens und einer „Alltäglichkeit" der Gesprächssituation hinweisen, die meines Erachtens empathische Reaktionen umfasst und bei den Interviewten die Tendenz zur Reaktivität reduzieren kann.

7.2 Limitationen der gewählten Forschungsmethode

Obwohl die durchgeführten Interviews nach meinem Ermessen überwiegend positiv verlaufen sind, sich ein natürlicher Gesprächsfluss eingestellt hat und die Grundprinzipien der qualitativen Forschung (Lamnek, 2005, 20-24) berücksichtigt worden sind, ist dennoch auf die Begrenztheit der Erkenntnisse hinzuweisen.

So handelt es sich bei den Informationen in den Interviews um Selbstberichte, welche Tendenzen zur Verzerrung aufweisen, die beispielsweise aus einer sozialen Erwünschtheit, aber auch dem Schutz des eigenen Selbstwertgefühls und Erinnerungsverzerrungen resultieren können. Ferner setzten einige Fragen ein sehr hohes Reflexionsniveau voraus, sodass sie das Individuum überfordern können, wodurch der Erkenntnisgewinn herabgesetzt ist. Dies gilt insbesondere für die Frage „Inwieweit hat sich Ihr Leben durch die Arbeit in der Firma verändert?" wie im folgenden Interviewausschnitt deutlich wird.

I: *Inwiefern hat sich denn dein Leben durch die Arbeit bei der Firma verändert?*
Kai: *(...) Puhh mein Leben? (.) Da würde ich jetzt nicht sagen, dass es sich verändert hat. Also in welchen Dimensionen würdest du da Veränderungen klassifizieren?*
I: *(..) Die Gewichtung Privatleben - Arbeitsleben beispielsweise...*
Kai: *(lacht) Da müsstest du meine Frau fragen, ob sich das verändert hat (lacht).*
I: *(lacht)*
Kai: *Also ich glaube, es hat sich nicht stark verändert.*
(Interview 1, S. 9, 445-457)

I: *Inwiefern hat sich denn dein Leben durch die Arbeit bei der SOFTALIS* verändert?*
Mika: *Puh, finde ich schwierig das zu sagen. (...) Mein Leben hat sich halt durch die Arbeit generell verändert und vor der SOFTALIS* hatte ich keinen anderen Arbeitgeber.*
(Interview 3, S. 31, 1528-1535)

* Der Unternehmensname ist im Rahmen der Anonymisierung geändert worden.

Hintergrund der Frage sind arbeitsbedingte Einflüsse auf das ganze Leben und die Identität der Beschäftigten. Wie im Interview mit Kai und Mika deutlich wird, lässt sich diese Frage im Rahmen eines problemzentrierten Interviews mit den unmittelbar Betroffenen kaum klären. Hier wäre der Einbezug von ihnen nahestehenden Menschen hilfreicher gewesen.

Darüber hinaus stellt die Stichprobeneinschränkung eine Schwachstelle dieser Studie dar. So könnte es zu einer Verzerrung gekommen sein, da die Interviewten zum Großteil durch den gleichen „Gatekeeper" vorselektiert wurden und zum anderen dadurch, dass sich aufgrund des Exposés voraussichtlich eher Beschäftigte gemeldet haben, die grundsätzlich Interesse an der behandelten Thematik haben. Ferner ist davon auszugehen, dass Beschäftigte, die tatsächlich von einer Vereinnahmung durch die Arbeitssphäre betroffen sind, aufgrund einer schlechten Erreichbarkeit über soziale Medien und Gatekeeper, kaum zur Teilnahme an den Gesprächen bereitstehen. Darüber hinaus ist gerade bei dieser hochinteressanten Gruppe von einem geringen Teilnahmeinteresse bedingt durch die hohe Arbeitsorientierung auszugehen.

Neben diesen Aspekten begrenzt die Anzahl der Interviews die Aussagekraft dieser Studie. Durch die vier problemzentrierten Interviews konnten in den Arbeitsparadiesen zwar einige entgrenzungsbezogene Spannungsfelder, Folgen und Ansichten identifiziert werden. Für eine Sättigung an Erkenntnissen im Sinne der Grounded Theory (Glaser & Strauss, 2009) reicht dieser Interviewumfang allerdings bei weitem nicht aus. Vielmehr bietet diese auf „Breite" ausgerichtete Studie zahlreiche Anknüpfungspunkte für zukünftige Forschungsaktivitäten, die sich dann intensiver einzelnen Aspekten wie der Selbstökonomisierung der Beschäftigten oder „Betriebs-Paaren" und dem Stellenwert der Arbeit in ihrem Leben widmen können. Der auf die Breite abzielende Ansatz dieser Studie findet sich ferner auch in den gebildeten Spannungsfeldern wieder. Dort hätten weitere unter Spannung stehende Aspekte feiner differenziert werden können, was sich allerdings nicht mit dem Umfang dieser Arbeit vereinbaren lies. Positiv hervorzuheben ist jedoch der weitgefächerte inhaltliche Überblick, den die vorliegende Studie ermöglicht.

Des Weiteren ist die Verallgemeinerbarkeit der Ergebnisse problematisch. Das ist bei einem qualitativen Forschungsansatz aber auch nicht das Ziel, sondern vielmehr das Herausarbeiten von unterschiedlichen Typen und Mustern (Lamnek & Krell, 2016, 25, 42). In den durchgeführten Interviews deutet es sich bereits an, dass die unterschiedliche Lebenssituation der Beschäftigten und ihre verschiedenen Interessenschwerpunkte das Verhältnis von Arbeits- und Privatleben sowie die Angebotsnutzung maßgeblich beeinflussen. Zum Erkennen von bestimmten Mustern und „Entgrenzungstypen" wären weitere Studien beispielsweise mit mehreren ledigen Beschäftigten erforderlich.

8. Fazit: Modernes Entgrenzungsphänomen „Arbeitsparadies"

Ziel der vorliegenden Arbeit war es, das Entgrenzungserleben in den neuen Arbeitsparadiesen zu untersuchen. Dabei ist ein besonderes Augenmerk auf das Erleben der betrieblichen WLB-Angebote und der flexiblen Arbeitsgestaltung gelegt worden. Ferner ist auch die Unternehmenskultur im Hinblick auf vereinnahmende Tendenzen betrachtet worden.

Durch die Gespräche sind die große Komplexität und Ambivalenz der betrieblichen Entgrenzungsentwicklung deutlich zum Vorschein gekommen.

Auch wenn die modernen Arbeitsparadiese so wenig mit dem Szenario der totalen Institution von Goffman (1973) gemein haben, bleibt festzuhalten, dass auch in der neuen Arbeitswelt totalinkludierende Tendenzen festzustellen sind. Doch während in Goffmans totaler Institution Kontrolle, Zwang und Unterordnung die Treiber der Entgrenzung sind, wirkt in den Arbeitsparadiesen das direkte Gegenteil davon, nämlich eine hohe Selbstbestimmung, ein großer Handlungsspielraum und zahlreiche freiwillige WLB-Angebote entgrenzungsfördernd. So „verführen" die kostenlosen betrieblichen WLB-Angebote die Beschäftigten dazu, ehemals private Optionen wie Kochen oder privaten Sport aus Effizienzgründen durch betriebliche Möglichkeiten zu ersetzen. Dies hat für die Beschäftigten den Vorteil der Zeitersparnis, ist entlastend und bequem. Auf der anderen Seite profitiert das Unternehmen von der mit den Angeboten verbundenen betriebsinternen Beziehungspflege und einer Tendenz zu einem längeren beziehungsweise intensiverem Arbeitseinsatz. Dabei wird deutlich, dass die Ziele beider Parteien überwiegend konkordant sind.

Nachteilig wirkt sich diese Entwicklung jedoch auf die häusliche Sphäre aus, der immer weniger Raum bleibt und deren Grenzen zunehmend verwischen. Für bestimmte Gruppen von Beschäftigten kann dies die Gefahr einer Vereinnahmung durch die Arbeit mit sich bringen.

Den Vorteilen durch eine bessere Vereinbarkeit von Arbeit und privaten Interessen stehen für die Beschäftigten einige Nachteile gegenüber, da sich die Allgegenwärtigkeit der Arbeitssphäre negativ auf den Erholungsprozess auswirkt. Darüber hinaus können die ständigen Anforderungen an die Selbstdisziplin und Selbstorganisation für die Betroffenen zur Belastung werden. Ferner können die betrieblichen WLB-Angebote kritisch betrachtet als Augenwischerei bezeichnet werden, da sie einem ausgefüllten „echten" Privatleben eher entgegenstehen und vielmehr subtil zu einer Ausdehnung der Arbeitssphäre beitragen. Somit haben die kostenlosen WLB-Angebote ihren Preis: Während die Arbeit in den modernen Arbeitsparadiesen einem Außenstehenden zunächst wie Freizeit und Vergnügen erscheint, wird in dieser Studie deutlich, dass in diesen Firmen Freizeit auch leicht zur Arbeitszeit wird.

Nichtsdestotrotz bleiben die weit über den Standard hinausgehenden betrieblichen Unterstützungsangebote positiv zu würdigen, da sie den Beschäftigten Freude bereiten, ihren Alltag erleichtern und positive Empfindungen wie Stolz hervorrufen. Noch bedeutender im Hinblick auf die Motivation und Mitarbeiterbindung scheint jedoch die unterstützende Arbeitskultur sowie das herausragende soziale Klima unter den Beschäftigten zu sein. Es sind letztlich die Menschen, die die hier untersuchten Großunternehmen zu Arbeitsparadiesen machen.

8.1 Neue Erkenntnisse und tieferes Verständnis

Durch die Verdeutlichung der Komplexität, den Einbezug verschiedener Theorien und die Schilderung tieferliegender, latenter Faktoren und Prozesse unterscheidet sich diese Studie von den bisherigen Forschungsaktivitäten zu diesem Thema. Während der Großteil der empirischen Studien zu betrieblichen WLB-Maßnahmen in Amerika durchgeführt worden ist, gehört die vorliegende Untersuchung darüber hinaus zu den wenigen Forschungsarbeiten, die sich mit deutschen Betrieben beschäftigt hat. Dies ist relevant, da zwischen Deutschland und den USA von signifikanten kulturellen Unterschieden hinsichtlich des Verhältnisses von Arbeit und Privatleben ausgegangen werden muss. Ferner hat das Verfolgen eines qualitativen Ansatzes in dieser Studie die Betrachtung überraschender Aspekte wie der Angebotsausnutzung und den impliziten Begrenzungen der weiten Handlungsspielräume ermöglicht.

Durch das Aufzeigen mehrerer Spannungsfelder, in denen sich die Beschäftigten moderner Arbeitsparadiesen im Hinblick auf Entgrenzung bewegen, entsteht ein sehr guter Ausgangspunkt für weitere Forschungsaktivitäten.

9. Ausblick

9.1 Weitere Forschung – Eine Frage der Kultur? Selbstgefährdung?

Wie bereits angedeutet weisen amerikanische Betriebe andere Charakteristika auf als die deutschen. So stammt der Trend mit den campusartigen Betriebsstrukturen aus den USA, wo auch die betrieblichen Unterstützungsmaßnahmen stärker ausgeprägt sind als in Deutschland, um Lücken bei der staatlichen Absicherung zu schließen. Darüber hinaus sind in den USA ein deutlicher Trend zur Auslagerung und Kommerzialisierung ehemals privater Angelegenheiten (Hochschild, 2012) sowie erste Entwicklungen in Richtung campusinternes Wohnen zu erkennen (Stein, 2015), sodass dort tendenziell von einer stärkeren Entgrenzungsentwicklung gesprochen werden muss. Insofern wäre es interessant, der hier verfolgten Fragestellung in einem Betrieb im Silicon Valley nachzugehen.

Für weitere Forschungsarbeiten könnte darüber hinaus eine Untersuchung der neuen Arbeitswelt im Hinblick auf selbstgefährdendes Verhalten indiziert sein, da die neue Selbstverantwortung und Selbstorganisation bei der Arbeit nun auch in klassischen Angestelltenverhältnissen zu einer beruflichen „Aufopferung" führen können und in dieser Studie die belastenden Aspekte der Entgrenzung deutlich zu erkennen sind. Selbstgefährdung beschreibt das „Sich selbst dabei zuzusehen, wie man für den Beruf seine eigene Gesundheit gefährdet" (Graf, 2012, 95) beispielsweise durch Arbeiten trotz Krankheit und durch das Überschreiten der eignen Belastungsgrenze. Bei dieser Betrachtung könnten die Erkenntnisse der Forschungsgruppe um Dettmers und Deci (2016) als Ausgangspunkt genommen werden.

9.2 Praktische Implikationen

Auch wenn die Ergebnisse dieser Studie einigen Limitationen unterliegen wie in Abschnitt 7.2 beschrieben, so lassen sich aus den bisherigen Erkenntnissen dennoch einige Implikationen für die Praxis ableiten. So sollten die Arbeitgeber darauf achten, dass die gesteigerte Flexibilität und die betrieblichen WLB-Maßnahmen, die sie ihren Beschäftigten bieten, nicht zu uferloser Arbeit führen. Denn die Tendenz, sich durch die betrieblichen Annehmlichkeiten zu einer Mehrarbeit verführen zu lassen, ist vorhanden. Durch ein aufmerksames Management sollte ein gesundheitsgefährdender Arbeitseinsatz frühzeitig erkannt werden, um die Beschäftigten im Sinne einer fürsorglichen Arbeitskultur darauf hinzuweisen und gegebenenfalls zu intervenieren. So können die Vorteile der Flexibilität und der Integration von Arbeit und Privatleben von den Beschäftigten genutzt werden, ohne dass diese zur Stressfalle wird.

Ferner sollte darauf geachtet werden, dass die betrieblichen Zusatzangebote in der Qualität durchgehalten werden, da eine Verschlechterung oder Reduktion der Angebote von den Beschäftigten sehr kritisch betrachtet wird und eine ungünstige Signalwirkung hat, wodurch negative Reaktionen der Beschäftigten hervorgerufen werden könnten. In dem Sinne, dass sich die positive, auf Reziprozität beruhende Beziehung zwischen Arbeitsgeber und Beschäftigten in Richtung „Abzug gegenseitiger Entgegenkommen" verändern könnte.

Darüber hinaus wird in dieser Studie die große Relevanz eines guten sozialen Klimas und gegenseitiger Unterstützung deutlich, welche die Wirkung der WLB-Angebote im Hinblick auf Motivation und Mitarbeiterbindung übertreffen. Dieser Umstand sollte bei personalpolitischen Entscheidungen berücksichtigt werden.

10. Literaturverzeichnis

Baethge, A., & Rigotti, T. (2010). *Arbeitsunterbrechungen und Multitasking*. Dortmund: Bundesanstalt für Arbeitsschutz und Arbeitsmedizin.

Bakker, A. B., & Demerouti, E. (2007). The job demands-resources model: State of the art. *Journal of managerial psychology*, 22(3), 309-328.

Brenni, G. (2014) Die Insider bleiben lieber drin: Weshalb der Arbeitgeber Facebook einer Sekte gleicht. *Förderland Businessmagazin für Unternehmer*. Veröffentlicht am 26.02.2014 unter http://www.foerderland.de/organisieren/news/artikel/die-insider-bleiben-lieber-drin-weshalb-der-arbeitgeber-facebook-einer-sekte-gleicht/.

Deci, E. L., & Ryan, R. M. (2000). The" what" and" why" of goal pursuits: Human needs and the self-determination of behavior. *Psychological inquiry*, *11*(4), 227-268.

Dettmers, J., Deci, N., Baeriswyl, S., Berset, M., & Krause, A. (2016). Self-Endangering Work Behavior. In *Healthy at Work* (pp. 37-51). Springer International Publishing.

Emerson, R. M. (1976). Social exchange theory. *Annual review of sociology*, 335-362.

Garfinkel, H. (1980). Das Alltagswissen über Soziale und Innerhalb Sozialer Strukturen. In: Arbeitsgruppe Bielefelder Soziologen (Hrsg.) *Alltagswissen, Interaktion und gesellschaftliche Wirklichkeit* (pp. 189-262). VS Verlag für Sozialwissenschaften.

Glaser, B. G., & Strauss, A. L. (2009). *The discovery of grounded theory: Strategies for qualitative research*. London: Transaction Publishers.

Goffman, E. (1973). Asyle. *Über die soziale Situation psychiatrischer Patienten und anderer Insassen*. Frankfurt am Main: Suhrkamp.

Gottschall, K., & Voß, G. G. (2003). Entgrenzung von Arbeit und Leben–Zur Einleitung. *Entgrenzung von Arbeit und Leben. Zum Wandel der Beziehung von Erwerbstätigkeit und Privatsphäre im Alltag. München*, 11-33.

Gouldner, A.W. (1960). The norm of reciprocity: A prelimary statement. *American Sociological Review, 25, 161-178.*

Graf, A. (2012). *Selbstmanagement-Kompetenz in Unternehmen nachhaltig sichern: Leistung, Wohlbefinden und Balance als Herausforderung*. Wiesbaden: Springer-Verlag.

Helferrich, C. (2011). *Die Qualität qualitativer Daten. Manual für die Durchführung Qualitativer Interviews*. 2. Auflage Wiesbaden: VS Verlag für Sozialwissenschaften.

Hirsch-Kreinsen, H. (2009). Entgrenzung von Unternehmen und Arbeit. S. 447-465. In: *Beckert, Jens und Christoph Deutschmann* (Hrg.), Wirtschaftssoziologie KZfSS Sonderheft 49/2009. Wiesbaden: VS.

Hochschild, A. R. (2012). *The outsourced self: Intimate life in market times*. New York: Metropolitan Books.

Huxley, A. (2013). *Schöne neue Welt: ein Roman der Zukunft* (Vol. 949). München: S. Fischer Verlag.

Kastner, M. (2004). Die Zukunft der Work Life Balance. *Wie lassen sich Beruf und Familie, Arbeit und Freizeit miteinander vereinbaren, 3.*

Kienbaum (2015) Ergebnisbericht der HR-Trendstudie 2015. 14. Kienbaum Jahrestagung.

Klimecki, R. G., & Gmür, M. (2005). Personalmanagement. *Strategien, Erfolgsbeiträge, Entwicklungsperspektiven, 3.*

Kotthoff, H. (2007). Betriebliche Sozialordnung angesichts flexibler Arbeitsstrukturen. In: Guido Becke/ Eva Senghaas-Knobloch (Hg.): Flexible Arbeitsformen aus der Perspektive sozialer Nachhaltigkeit. Eine Dokumentation von Beiträgen zur Fachkonferenz am 27./28. April 2007 an der Universität Bremen, *artec-paper Nr.* 141, Mai 2007, S. 22-26 [siehe: http://www.artec.uni-bremen.de/files/papers/paper_141.pdf].

Kratzer, N. (2003). *Arbeitskraft in Entgrenzung. Grenzenlose Anforderungen, erweiterte Spielräume, begrenzte Ressourcen.* Berlin: edition sigma.

Kreiner, G. E., Hollensbe, E. C., & Sheep, M. L. (2009). Balancing borders and bridges: Negotiating the work-home interface via boundary work tactics. *Academy of management journal, 52*(4), 704-730.

Kühn, T. (2005). Grundströmungen und Entwicklungslinien qualitativer Forschung. *Planung & Analyse, 33*(4).

Lambert, S. (2000). Added benefits: The link between work-life benefits and organizational citizenship behavior. *Academy of Management Journal,* 43, 801-815.

Lamnek, S. (2005). *Qualitative Sozialforschung*. Lehrbuch. 4., vollständig überarbeitete Auflage. Weinheim, Basel: Beltz Verlag.

Lamnek, S. & C. Krell (2016). *Qualitative Sozialforschung*. Lehrbuch 6., vollständig überarbeitete Auflage, Ebook. Weinheim, Basel: Beltz Verlag.

Lewin, K. (1981). Feldtheorie und Experiment in der Sozialpsychologie. In C. F. Graumann (Hrsg.), *Kurt-Lewin-Werkausgabe*, Band 4, Feldtheorie (187-213) Stuttgart: Klett Cotta.

Volmerg, B. (1988). Methoden der Auswertung. In T. Leithäuser & B. Volmerg (Hrsg.), *Psychoanalyse in der Sozialforschung. Eine Einführung am Beispiel einer Sozialpsychologie der Arbeit* (234-261). Opladen: Westdeutscher Verlag.

Mayring, P. (2016). *Einführung in die qualitative Sozialforschung. Eine Anleitung zu qualitativem Denken.* 6. Auflage. Weinheim: Beltz.

McGregor, D. (1960). The human side of enterprise. *New York, 21*(166.1960).

Meifert, M. T. (2008). Retentionmanagement. In *Strategische Personalentwicklung* (pp. 266-288). Springer Berlin Heidelberg.

Meuser, M. & Nagel, U. (1991). ExpertInneninterviews – vielfach erprobt, wenig bedacht. In D. Garz & K. Kraimer (Hrsg.), *Qualitativ-empirische Sozialforschung. Konzepte, Methoden, Analysen* (441-471). Opladen: Westdeutscher Verlag.

Meyer, J.P. & Allen, N.J. (1997) *Commitment in the workplace. Theory, research and application.* Thousand Oaks: Sage.

Minssen, H. (2012). *Arbeit in der modernen Gesellschaft. Eine Einführung.* Wiesbaden: VS Verlag für Sozialwissenschaften.

Moldaschl, M., & Sauer, D. (2000). *Internalisierung des Marktes: zur neuen Dialektik von Kooperation und Herrschaft.* na.

Muse, L., Harris, S. G., Giles, W. F., & Feild, H. S. (2008). Work-life benefits and positive organizational behavior: is there a connection? *Journal of Organizational Behavior, 29*(2), 171-192.

Myers, D. G. (2008). *Psychologie.* 2., erweiterte und aktualisierte Auflage. Heidelberg: Springer.

Nerdinger, F. W., Blickle, G., & Schaper, N. (2014). *Arbeits-und Organisationspsychologie.* Berlin, Heidelberg: Springer-Verlag.

Nippert-Eng, C. E. (2008). *Home and work: Negotiating boundaries through everyday life.* University of Chicago Press.

Przyborski, A. & Wohlrab-Sahr, M. (2008*). Qualitative Sozialforschung.* Ein Arbeitsbuch. München: Oldenbourg Verlag.

Rothbard, N., Phillips, K., Dumas, T. (2005). Managing Multiple Roles: Work-Family Policies and Individuals´ Desires for Segmentation. *Organization Science*, 16 (3), 243-258.

Rudolph, U., & Körner, A. (2009). *Motivationspsychologie kompakt.* Weinheim: Beltz.

Thiele, S. (2009). *Work-Life-Balance zur Mitarbeiterbindung: Eine Strategie gegen den Fach kräftemangel*. Diplomica Verlag.

Schaufeli, W. B., & Taris, T. W. (2014). A critical review of the Job Demands-Resources Model: Implications for improving work and health. In *Bridging occupational, organizational and public health* (pp. 43-68). Springer Netherlands.

Seibel, A. (2015) Google und Facebook sind Business Sekten. Die WELT. Veröffentlicht am 19.12.2015 unter https://www.welt.de/print/die_welt/wirtschaft/article150138747/Google-und-Facebook-sind-Business-Sekten.html

Shenkar, O. (1996). The firm as a total institution: Reflections on the Chinese state enterprise. *Organization Studies, 17*(6), 885-907.

Smith, E. R., Mackie, D. M., & Claypool, H. M. (2014). *Social psychology*. Hove, New York: Psychology Press.

Sprenger, R. (2015) *Das anständige Unternehmen.* München: Deutsche Verlags-Anstalt.

Stabile, S. J. (2008). Google Benefits or Google's Benefit. *Jornal of Business & Technology Law, 3*, 97.

Stein, J. (2015). Working, Eating and Sleeping at the Googleplex. *Bloomberg Businessweek, 22 July.* Abgerufen am 30.09.2016 unter http://www.bloomberg.com/news/features/2015-07-22/thirteen-months-of-working-eating-and-sleeping-at-the-googleplex.

Thiele, S. (2009). *Work-Life-Balance zur Mitarbeiterbindung: Eine Strategie gegen den Fachkräftemangel*. Diplomica Verlag.

Trendence Institut (2016). Trendence Graduate Barometer 2016. Abgerufen am 31.9.2016 unter https://www.trendence.com/unternehmen/rankings/germany.html

Vedder, G., & Haunschild, A. (2012). Work-Life-Balance und Entgrenzungstendenzen bei IT-Angestellten. *Freelancer als Forschungsgegenstand und Praxisphänomen. Frankfurt am Main. S*, 113-134.

Voß, G. G., & Pongratz, H. J. (1998). Der Arbeitskraftunternehmer. Eine neue Grundform der Ware Arbeitskraft?. *Kölner Zeitschrift für Soziologie und Sozialpsychologie, 50*, 131-158.

Watzlawick, P., Beavin, J. H., & Jackson, D. D. (1974). *Menschliche Kommunikation: Formen, Störungen, Paradoxien*. Bern, Stuttgart, Wien: Hans Huber.

Whatley, M. A., Webster, J. M., Smith, R. H., & Rhodes, A. (1999). The effect of a favor on public and private compliance: How internalized is the norm of reciprocity?. *Basic and Applied Social Psychology, 21*(3), 251-259.

Witzel, A. (2000). Das problemzentrierte Interview [25 Absätze]. Forum Qualitative Sozialforschung. In *Forum: Qualitative Social Research* (Vol. 1, No. 1).

Wilson, T. P. (1973). Theorien der Interaktion und Modelle soziologischer Erklärungen. In Arbeitsgruppe Bielefelder Soziologen (Hrsg.), *Alltagswissen, Interaktion und gesellschaftliche Wirklichkeit* (Bd. 1, S. 54–79). Reinbek: Rowohlt.

Zilian, H. G. (2000) Taylorismus in der Seele. In: Österreichische Zeitung für Soziologie, Heft 2, S.75-97.

Zimbardo, P. G., & Gerrig, R. J. (2008). *Psychologie*. 18. Auflage. München: Pearson Studium.

11. Anhang

Leitfaden problemzentriertes Interview

0. Einstieg (narrativ):

„Erzählen Sie doch mal, wie Sie zu XY gekommen sind."

1. Betriebliche Angebote

- Inwieweit nutzen Sie die **betrieblichen Zusatzangebote** (Fitnessstudio, Ruheraum usw.)?
- Wie **beurteilen** Sie diese Angebote? Warum?
- Wie geht es Ihnen damit, dass ihr Arbeitgeber Ihnen einige Aufgaben des alltäglichen Lebens abnimmt?
- Wie stehen Sie XY **als Arbeitgeber gegenüber**? Warum?

2. Arbeitskultur im Unternehmen

- Wie würden Sie **die Arbeitskultur** in Ihrem Unternehmen beschreiben?
  - Inwieweit können Sie Ihren Arbeitstag selber strukturieren? (Selbstbestimmung)
  - Transparenz
  - Ist es etwas Besonderes hier zu arbeiten? Warum? (Elitedenken)
  - Hierarchien (Trennung zwischen den Hierarchieeben? Gleichbehandlung? Führungsphilosophie?)
  - Wie wird in Ihrem Unternehmen mit Fehlern umgegangen? (Schuld)
  - Führungsperson (charismatischer oberster Chef?)

3. Entgrenzung der Arbeit

- Wieviel Zeit verbringen Sie an einem durchschnittlichen Arbeitstag auf dem Campus? Wie ist das für Sie?
- Inwieweit können Sie Privates bei der Arbeit erledigen?
- Inwiefern verfügen Sie bei der Arbeit über private Rückzugsmöglichkeiten?
- Inwieweit erledigen Sie zu Hause arbeitsbezogenen Aufgaben?

- Wie sehen Sie die Vermischung von Arbeit und Privatleben?

- Wie finden Sie es auf einem Campus zu arbeiten?
- Welche Rolle spielt die Arbeit für Ihr Sozialleben?
  - Inwieweit sind soziale Kontakte außerhalb der Arbeit möglich?

4. Arbeit und Identität

- Inwiefern hat sich Ihr Leben durch die Arbeit hier verändert? Warum?
- Inwieweit würden Sie sagen, hat ihre Arbeit Sie von anderen Menschen außerhalb des Unternehmens getrennt?
- Wie würden Sie einen Abschied von dem Unternehmen empfinden? Warum?

5. Fazit

- Würden Sie das Unternehmen Ihren Bekannten als Arbeitsplatz weiterempfehlen?

6. Abschluss

- Möchten Sie mir noch Aspekte erzählen, die bislang unberücksichtigt blieben?

Dankeschön!

Allgemeine Informationen (erhoben mit Kurzfragebogen)

a) Alter
b) Geschlecht
c) Familienstand
d) Betriebszugehörigkeit in Jahren
e) Berufliche Position / Abteilung
f) Dauer der Wohnhaft in der aktuellen Stadt
g) Für den Arbeitgeber dorthin gezogen?

Leitfaden Experteninterview

0. Einstieg (narrativ):

„Erzählen Sie doch mal, wie sie zu dem Unternehmen gekommen sind.

1. Arbeitskultur im Unternehmen

- Wie lange arbeiten Sie schon hier?
- Wie würden Sie **die Arbeitskultur** in Ihrem Unternehmen beschreiben?
  - Selbstbestimmung
  - Transparenz
  - Ist es etwas Besonderes hier zu arbeiten? Warum? (Elitedenken)
  - Hierarchien
  - Wie wird in Ihrem Unternehmen mit Fehlern umgegangen? (Schuld)
  - Sinngebung / Charismatische FK?
- Wie hat sich die Kultur seit ihrem Einstieg verändert?
- Wie würden Sie den Bewerbungsprozess beschreiben? Worauf wird wert gelegt?

2. Betriebliche Angebote

- Welche **betrieblichen Zusatzangebote** bietet das Unternehmen seinen Beschäftigten?
- Welche Intentionen stehen dahinter?
- Inwiefern rechnen sich die damit verbundenen Ausgaben?
- Welchen Stellenwert nehmen die Beschäftigten in dem Unternehmen ein?

3. Entgrenzung der Arbeit

- Welche Vor- und Nachteile ergeben sich ihrer Meinung nach aus der betrieblichen Campusstruktur?
- Inwieweit können die Beschäftigten Privates bei der Arbeit erledigen?

- Inwiefern verfügen die Beschäftigten bei der Arbeit über private Rückzugsmöglichkeiten?
- Inwieweit wird von Seiten des Unternehmens erwartet, dass arbeitsbezogene Aufgaben zu Hause erledigt werden?
- Inwieweit sind Ihnen hier Fälle von massiver Arbeitsorientierung mit starken Abstrichen im Privatleben bekannt?
- Wie würden Sie das Klima unter den Beschäftigten hier beschreiben?
- Gibt es in Ihrem Unternehmen Pläne für campusinternes Wohnen? Was denken Sie darüber?

4. Arbeit und Identität

- Inwiefern hat sich Ihr Leben durch die Arbeit hier verändert?
- Wie würden Sie den typischen Beschäftigten in Ihrem Unternehmen beschreiben?

5. Fazit

- Würden Sie das Unternehmen Ihren Bekannten als Arbeitsplatz weiterempfehlen?
- Warum?

6. Abschluss

- Möchten Sie mir noch Aspekte erzählen, die bislang unberücksichtigt blieben?

Dankeschön!